ROLF SCHEFFBUCH

Lebensbilder
württembergischer Frauen

Nach Gott dürsten

Rolf Scheffbuch, Korntal (66). Prälat a. D., Vorsitzender ProChrist e.V.
und Ludwig-Hofacker-Vereinigung (Arbeitsgemeinschaft für Bibel und Bekenntnis
in Württemberg). Ab 1959 Gemeindepfarrer am Ulmer Münster,
Leiter des Ev. Jugendwerkes in Württemberg, Dekan in Schorndorf,
Regionalbischof für den Sprengel Ulm. Langjähriges Mitglied der Synoden der
württ. Kirche und der EKD.
Verheiratet, vier erwachsene Kinder.

ISBN 3-7751-2698-8

hänssler-Paperback
Bestell-Nr. 392.698

© Copyright 1997 by Hänssler-Verlag, Neuhausen-Stuttgart
Umschlaggestaltung: Stefanie Bunner
Titelfoto: Rolf Scheffbuch, privat;
Charlotte Reihlen, Jugendbildnis;
Amt für Information, Evangelische Landeskirche Württemberg
Satz: AbSatz Ewert-Mohr, Klein Nordende
Printed in Germany

Inhalt

Anhang

»Lass uns in deiner Liebe/und Kenntnis nehmen zu.
dass wir am Glauben bleiben, dir dienen im Geist so,
dass wir hier mögen schmecken/dein Süßigkeit im Herzen und dürsten stets nach dir!«

Verfasst von Elisabeth von Meseritz (1505 - 1535)
im Jahr ihrer Verheiratung mit Caspar Cruciger (Kreuziger).

»Der Sara Gottesfurcht,
der Rahel Lieblichkeit,
Rebekkas reine Zucht,
der Jael Freudigkeit,
Abigails Vernunft,
im Beten Hanna's Hitz,
fand man in einer Seel'
bei der von Janowitz.«

Aus dem Nachruf auf Frau Janowitz,
Patin von Johann Albrecht Bengel.

Tiburtinische Sibylle aus der von Jörg Syrlin geschaffenen
Frauenseite des Chorgestühls im Ulmer Münster (1469 – 1474)

8

FRAUEN

Gott wirkt in unserer Welt durch Menschen. Daran wollte Jörg Syrlin mit seinem eindrucksvollen Chorgestühl des Ulmer Münsters erinnern. Auf der Nordseite sind nur Büsten und Antlitze von Männern zu sehen: Weise des Altertums ebenso wie Propheten und Apostel. Ihnen gegenüber jedoch stehen ebenso viele Frauenbildnisse: edle Gesichter von Sibyllen, also von Frauen des Altertums, die das Kommen eines Welterlösers ansagten. Dazu Sara und Rebekka, Jael und die Königin von Reicharabien, Hanna und Abigail samt den in der Apostelgeschichte und in Heiligenlegenden erwähnten Frauen.

Jeder Besucher kann sich selbst testen: Was weiß ich denn von den dargestellten Menschen Gottes? Meist werden Männer bekannter sein als die dargestellten Frauen. Das ist bedauerlich. Denn angefangen mit Eva, der »Mutter des Lebens«, hat Gott bis zum heutigen Tage Frauen so viel Würde gegeben und so viele Gaben anvertraut, dass wir das nur zu unserem eigenen Schaden übersehen.

Die Christusbewegung ist quer durch die Jahrhunderte hindurch auch von Frauen geprägt. Das hat angefangen mit Maria, in deren Haus sich die erste Gemeinde versammelte. Es ging weiter mit Tabea Rehe und mit Lydia von Philippi, mit den »angesehenen griechischen Frauen« von Thessalonich und Beröa, mit der Damaris von Athen, mit der Großmutter Lois und der Mutter Eunike, in denen der Glaube des Timotheus »zuvor gewohnt« hatte. Was wäre aus Augustin geworden ohne seine um ihn betend ringende Mutter Monika? Auch Katharina von Bora war wesentlich mehr als Luthers »Saumärkterin«. Vielmehr gestaltete sie das erste Pfarrhaus als Abbild und Vorgeschmack des »ewigen Hauses«.

Jörg Syrlin war sich dessen bewusst. Auch im Pietismus wurde dies Wissen wachgehalten. 1841 veröffentlichte der publizistisch begabte Großbottwarer Stadtpfarrer Johann Christian Friedrich Burk, ein Repräsentant des schwäbischen Pietismus, eine Sammlung von Lebensbildern unter dem Titel »Spiegel edler Pfarrfrauen« – eine »Sammlung christlicher Charakterbilder«. Aber der Titel trügt. Schon Burk sah sich genötigt, von Frauen zu berichten, die »priesterlich« wirkten als Unverheiratete oder als Ehefrauen von Laien; denn über Pfarrfrauen hinaus gab es in allen Jahrhunderten »Mütter der Gemeinden«.

In dem großen Familienverband, dem ich angehöre, hat Gott einst eine Lehrersfrau zum Einfallstor für den lebendigen Glauben gemacht. Es war Anna Katharina Kullen, geb. Buck, verw. Schill (1722 - 1783). Sie lebte als Ehefrau des Dorfschulmeisters in Hülben auf der Schwäbischen Alb. Sie hatte erlebt, wie im benachbarten Dettingen/Erms während der nur zweijährigen Wirksamkeit des jungen Pfarrers Johann Friedrich Fricker (1729 - 1766) ein geistlicher Aufbruch stattfand. Fricker selbst berichtete, dass er in Dettingen in den »öffentlichen Erbauungsstunden wenigstens zweihundert, öfters aber dreihundert Zuhörer« hatte; denn »die Überzeugung von der Notwendigkeit der Wiedergeburt und des lebendigen Glaubens an Jesum ist hier etwas Allgemeines geworden«.

Alle vierzehn Tage musste Fricker schon frühmorgens um sechs Uhr in der armen Filialgemeinde Hülben Gottesdienst halten. Der Schulmeister selbst blieb zuerst »ganz finster«. Aber Fricker wusste: »Ich spüre in meinem Herzen, dass in Hülben gesät ist; wann und durch wen der Same aufgehen wird, das bleibt dem Herrn überlassen«. Es war die Schulmeistersfrau, durch die der Same aufging. Sie hatte Fricker gefragt, was man denn tun müsse, wenn es zu solch einem Leben wie in Dettingen kommen sollte. Fricker sagte kurz angebunden: »Frau Schulmeisterin, lese Sie den Römerbrief!« Aber schon nach dem Lesen des ersten Kapitels war Frau Kullen mehr als nur befremdet. Sie ließ es Pfarrer Fricker wissen: »Die Römer-Epistel ist etwas für die Dettinger, aber nicht für uns Hülbener!« Sie meinte, es gebe wohl in ganz Hülben keine so schlimmen Menschen, wie der Römerbrief sie in den ersten Kapiteln beschreibt. Vielleicht anderswo, etwa in Dettingen! Die dort hätten solch eine Ermahnung nötig. Aber Fricker sagte schlicht: »Frau Schulmeisterin, lese Sie die Römer-Epistel noch einmal!« Es dauerte nicht lange, bis sie dem Seelsorger sagte: »Die Römer-Epistel ist auch etwas für uns Hülbener, auch für mich!» Fricker sagte: «Nun ist ihr ein Licht aufgegangen, und beim Licht lernt man.«

Männern ist geistliche »Frauenforschung« nicht verboten. Aber es ist gut, wenn Frauen selbst sie betreiben. Als Dekan des Schorndorfer Kirchenbezirkes habe ich 1984 solch ein Projekt mit Anteilnahme verfolgt und im Hintergrund sogar daran etwas mitgearbeitet. Vor dem Aufkommen radikaler feministischer Parolen hat die dortige Bezirksfrauenhilfe ein ganzes Buch zusammengestellt mit dem Thema: »Auf der Suche nach unseren Müttern«. Was wurde da von einzelnen Frauen und von Frauengruppen des Bezirkes zusammengetragen! Dabei wollten sie sich nicht brüsten mit dem geistlichen Reichtum in und um Schorndorf. Aber sie wollten ins Bewusstsein rufen, dass es nicht nur jene mutigen »Weiber von Schorndorf« gegeben hat, die 1688 verhüteten, dass die Stadt an den »Mordbrenner« Melac übergeben wurde, sondern dass es auch Frauen gab, die Leben aus Gott in die ganze Region vermittelten. Sie wollten an Gottes geheimnisvolles Wirk-Gesetz erinnern, dass durch scheinbar kleine Leute, ja durch oft gering geachtete Frauen, mehr für Gottes Sache erreicht wurde als durch Männer mit wohlklingenden Namen und imposanten Titeln.

Frauen haben oft mehr Gespür für das, was andere Frauen bewegt hat. Es ist ja eines der Probleme der »geistlichen Frauenforschung«, dass der »wissenschaftlichen« Erforschung der Kirchengeschichte die Raster fehlen, mit denen die Persönlichkeit einer Frau recht erfasst werden können.

So haben Männer oft darüber gelächelt, dass in den Aufzeichnungen von Frau Marie Wurm, der Ehefrau des mutigen württembergischen Landesbischofs während der Hitlerdiktatur, es immer wieder heißt: »Ich gab Vater ein Malagäle« (also ein kleines Glas Malaga-Wein). Hatte denn Frau Wurm nichts anderes im Kopf als ein »Malagäle«? Aber sicher! Sie wusste um das Ringen mit dem nationalsozialistischen Kultusminister Mergenthaler, um den Widerstand gegen die Euthanasie, um den Kampf mit Gauleiter Murr, um das Bangen um die Kirche! All das wusste Frau Marie Wurm besser, als wir es heute noch wissen. Sie zitterte mit ihrem Mann angesichts all dieser Gefährdungen. Das »Malagäle« war so etwas wie der stärkende Trunk, den Gottes Engel jenem verzagten Propheten Elia reichte. Bei Marie Wurm blieb es auch nicht bei dem Glas Wein; sondern wie wenig andere stürmte sie betend den Thron Gottes, während ihr Mann in schwierigste Verhandlungen hineinging.

Um einen anderen »Bekenner« jener Jahre ängstete sich dessen Frau, ob er sich nicht zu viel zumute, und klagte es ihrer erfahrenen Schwiegermutter. Sie fragte, wie sie denn besser ihren Mann bremsen könne. Aber die Schwiegermutter sagte nur: »Nicht bremsen, nur pflegen!«

Frauen können pflegen wie sonst niemand. Aber sie können auch bremsen wie sonst niemand. In Korntal erzählt man sich bis heute von jenem schwäbischen Stundenmann, der in der Gemeinschaftsstunde am Brüdertisch »in voller Fahrt« gewesen war. Beim Heimkommen sagte er stolz: »Heut' ist's aber bei mir g'loffa wie g'schmiert!« Aber die Ehefrau sagte nur: »Und ich habe dauernd gebetet: ›Lieber Gott, mach ihm doch den Mund zu!‹« Eine Woche später wurde das Gebet erhört. Die Ehefrau hatte sich schon gar nicht mehr getraut, in die Versammlung mitzugehen. Aber beim Heimkommen sagte der Mann: »Mir isch's heut' geba g'wäa, nix zu saga« (mir war's heute gegeben, nichts zu sagen).

Solche Anschaulichkeit fehlt oft den kirchengeschichtlichen Darstellungen. Die Raster der kirchengeschichtlichen Zunft sind meist so eng und so karg, dass das Lebensvolle, das Anschauliche und auch das »Mütterliche« meist durch das Sieb fallen. Offenbar zählen mehr abstrakte Ideen als pralles Leben. Es zählen mehr Kämpfe als das Aufbauend-Lebenschaffende. Darum erwecken ganze Bände von Kirchengeschichte den Eindruck, als ob auf der ganzen Welt hauptsächlich Männer im Auftrag Gottes gewirkt hätten.

Der Tübinger Professor für Neues Testament D. Adolf Schlatter (1852 - 1938) dachte da anders. Wenn irgendein Mann in höchsten Tönen gepriesen wurde, so konnte er das Loblied unterbrechen mit der Frage: »Was für eine Mutter hat er denn gehabt?« Die Antwort sei meist betretenes Schweigen gewesen.

Denn das ist das andere Problem der »geistlichen Frauenforschung«: Frauen machen so wenig von sich reden, dass schon nach zwei Generationen kaum jemand mehr etwas von ihnen weiß.

Nichts sollten wir darum in unseren Familien und Gemeinden so sehr hüten und aufbewahren wie Tagebücher und Briefe von Frauen und wie Aufschriebe über Frauen. Frauen gehören zur »ganzen Christenheit auf Erden«, in die Gott uns hineingestellt hat. Mit diesem Satz der Glaubensbekenntnisauslegung von Luther ist ja die »ganze Christenheit« auch der früheren Generationen gemeint. Wir heute sind hineingestellt in die große Schar derer, die mit uns vor Gott und für Gott gelebt haben. Diese Schar besteht aus Männern und eben auch ganz entscheidend aus Frauen: aus Pfarrfrauen und aus Lehrersfrauen, aus Beamten- und Bauersfrauen, aus Verheirateten und aus Singles, aus Verwitweten und aus solchen, die an ihrer Ehe schwer trugen. An ein paar von ihnen soll hier erinnert werden.

Über vieles in dem Berichteten kann man erschrecken. Etwa darüber, was in früheren Zeiten Frauen aufgebürdet war. Manchmal hat man den Eindruck, ihnen seien konzentriert die Lasten von Kindergebären, Haushalt, Erziehung, Betreuung von Dienstboten auferlegt worden, noch dazu das alles in Zeiten größter Armut. Viele von ihnen waren körperlich schon in jungen Jahren am Ende ihrer Kräfte und wurden mit dem sechzigsten Lebensjahr schon als »Greisinnen« angesehen.

Manches an dem Berichteten mag uns heute befremdlich, ja manchmal exaltiert vorkommen. Aber konnte das denn anders sein in Zeiten, da die Meinung einer Frau nicht viel galt? Was jedoch die hier dargestellten Frauen verbindet, ist nicht ein umstürzlerisches Selbstbewusstsein, geprägt von der Abwertung der Männer. Sondern das Verbindende ist eine frauliche Würde, die sie sich von Gott als ihrem unmittelbaren Gegenüber geben ließen.

Die Liedzeile von Elisabeth Cruciger, geb. von Meseritz, »... und dürsten stets nach dir!« ist wie eine geheime Grundmelodie, die aus allen Lebensdarstellungen erklingt. Darum wird auch bei all den Dargestellten etwas deutlich von dem Geheimnis: »Selig sind, die da dürsten nach der Gerechtigkeit; denn sie sollen satt werden!«

Jörg Syrlin stellte die Sibyllengestalten auf der Frauenseite des Ulmer Münsters dar mit Kopftracht und Kleidung, wie sie von den angesehenen Ulmer Frauen im Mittelalter getragen wurden.

14

ELSBETHA SAM

lebte im Anfang des 16. Jahrhunderts;
genaues Geburts- und Sterbedatum unbekannt

Elsbetha war eine verarmte Magd aus Bayrisch-Schwaben. Der Ulmer Reformator Conradus Sam (1483 - 1533) nahm sie zu seiner Ehefrau. Eine alte Chronik aus Weißenhorn berichtet darüber: »Der Laienpriester Conradus Sam brachte mit sich eine Zessenmacherin« (Schuldenmacherin). Zuerst gab er sie – wie einst Abraham – als seine Schwester aus. »Doch das reimte sich nicht«. Da gab er sie »als sin Bäßlin« (Kusine/Base) aus. Aber auch das »reimte sich nicht«. »Zuletzt nahm er sie zu seinem Weib«.

Was hat Elsbetha über dem allem durchmachen müssen! Wie oft hat man sie schief angesehen! Bis heute wird in der katholischen Kirche darüber gestritten, ob denn Priester wirklich ehelos sein müssen. Sam hatte zu gleicher Zeit wie Luther diese altgewohnte Ordnung durchbrochen.

Conradus Sam war mit Luther persönlich verbunden. Der erste Brief Luthers an einen Württemberger, der uns erhalten blieb, ging an Sam (1. Oktober 1520). Darin mahnt Luther, Sam solle standhalten »in den neuen Kriegen, die der Herr erwählt . . . Halte, was du hast!«

Der Rat der Freien Reichsstadt Ulm hatte Sam als »Prädikanten« berufen. Als »Prädikant« hielt er die Nachmittagspredigten, die mit einem Vaterunser begannen und schlossen. Die Predigten waren nicht mehr wie bisher Morallehre, sondern geistlich weckende Bibelauslegung. Diese karge »Liturgie« der Prädikantengottesdienste hat bis heute die Form der württembergischen Gottesdienste geprägt. Für einen wirklichen »evangelischen« Gottesdienst gab es ja noch keine Vorbilder.

Es gab auch keine Vorbilder für das, was ein evangelisches Pfarrhaus sein kann und was eine Pfarrfrau zu tun hat. Elsbetha Sam gestaltete jedoch dem gehetzten, umgetriebenen Reformator im Kantorenhaus in der Ulmer Pfauengasse das erste richtige Pfarrhaus. Aus Dankschreiben wissen wir, wie sehr Gäste die Atmosphäre in diesem Haus genossen haben, wie sie auflebten in der kleinen Familiengemeinschaft der Pfarrleute und ihrer treuen Magd Angela. Für die ihres evangelischen Glaubens noch Unsicheren war Elsbetha eine rechte »Mutter«.

Auch Conradus Sam selbst brauchte einen solchen Ort der Bergung. Er war ein heftiger, rasch aufbrausender Mann. Nicht selten konnte er richtig poltern, sogar auf der Kanzel des Ulmer Münsters. Er konnte weit über das Ziel hinausschießen. Er tat es in aller Öffentlichkeit. Wie wird es dann erst hinter der Haustüre in der Pfauengasse zugegangen sein! Aber Elsbetha Sam gestaltete das Haus als einen Ort der Stille, in welcher der oft heftig Angegriffene, der sich auch kräftig zu wehren wusste, wieder zur Ruhe kommen konnte.

Conradus Sam war nicht nur ein Polterer und Kämpfer. Er gab ein damals vielbeachtetes »Trostbüchlein« heraus. Auch ist uns bis heute eine eindrückliche Predigtreihe erhalten. Ihr durchgehendes Thema ist Davids Ehebruch, Davids Schuld und Gottes Vergeben. Sam legte seelsorgerlich das Wort »Bei dir, Gott, ist die Gnade!« in vielen Variationen aus. Wichtig war ihm: »Die Opfer, die Gott gefallen, sind ein geängsteter Geist; ein zerschlagenes Herz wirst du, Gott, nicht verachten!«

Den zerschlagenen und geängsteten Conradus Sam erlebte Elsbetha zu Hause so, wie es in der Öffentlichkeit nur wenige vermuten konnten. Der Ulmer Rat riet dem angefochtenen Kämpfer, er solle doch nicht »durch unbeherrschtes Predigen« die Ungnade des Kaisers auf Ulm ziehen. Manche Frau hätte ihrem Mann geraten, doch öfter den Mund zu halten. Aber Elsbetha riet nicht zum Stillhalten. Ihr Vorbild war nicht die Frau Hiobs, die ihrem Mann geraten hatte: »Sage Gott ab!«

Elsbetha stellte sich auch auf die Seite ihres Mannes, als rasch nach der Einführung der Reformation in Ulm (1531) die Reformationsbegeisterung wie ein Strohfeuer wieder in sich zusammenfiel. Der Kirchenbesuch im Ulmer Münster bröckelte zusehends ab. Ganze

Scharen von Ulmer Bürgern zogen sonntagmorgens nach Söflingen zur Messe.

Trotzdem stand die erste Pfarrfrau Ulms zu ihrem Mann und zu seiner unbeugsamen Wahrheitsliebe. Auch damals, als er zum Verdruss vieler Ulmer von der Kanzel sagte: »Die Kirche Jesu bleibt gewiss. Aber ob ihr, die ihr euch hier versammelt habt, wirklich Kirche Jesu seid, das weiß ich nicht!«

Kurz danach erlitt Sam auf der Münsterkanzel einen schweren Schlaganfall, wenige Zeit danach den zweiten. Dem dritten Anfall erlag der Schwergeschwächte im Juli 1533, gerade erst fünfzig Jahre alt. Elsbetha Sam stand völlig unversorgt da.

Der Rat der Stadt Ulm kam ihr etwas entgegen. Er übernahm die wertvolle Bücherei des Reformators. Als Gegenleistung erhielt Frau Sam eine kleine Rente.

Mehr wissen wir nicht von ihr. Aber das wissen wir, dass es auch für solche Dienerinnen Jesu gilt, was dieser gesagt hat: »Sie sollen sein, wo ich bin!«

Magdalena Sibylla Weissensee, verh. Rieger

18

MAGDALENA SIBYLLA RIEGER, GEB. WEISSENSEE

geboren 29.12.1707 in Maulbronn
gestorben 31.12.1786 in Stuttgart

»Frau Expeditionsrätin Rieger kann das Dichten nicht lassen! Auch der kleinste Anlass gerinnt bei ihr zu einem Gedicht!« So spotteten Frauen in der Residenzstadt Stuttgart.

Nun fassen Schwaben gerne in Reime, was ihnen wichtig ist. Aber bei Magdalena Sibylla Rieger kam noch eine wirkliche dichterische Ader dazu. Immerhin ehrte sie die Universität Göttingen mit dem Lorbeer einer »kaiserlich-gekrönten Dichterin«. Bis 1996 war eines ihrer Lieder im württembergischen Gesangbuch zu finden. In ihm heißt es:

»Führe, leite, vollbereite mich/wie du mich haben willst;
gib mir Klarheit, Geist und Wahrheit, dass ich gleich sei deinem Bild,
dass man merke, meine Stärke
sei in dir, und du mein Schild.«

Vermutlich hatte sie vom Vater Philipp Heinrich Weissensee (1673 - 1767) die Gabe des Reimeschmiedens geerbt. Er hat das Gebetslied »Jesu, hilf beten« verfasst, das bis heute in Württemberg gesungen wird.

Überhaupt, was muss das für ein Vater gewesen sein! Bei dem herausragenden Theologen fiel schon früh auf, dass er es mit jungen Menschen »konnte«. Die Herzogin Magdalena Sibylla holte ihn als Pagenerzieher an den Stuttgarter Hof. Ihre Kammerjungfer Maria Dorothea nahm er zur Frau. Kein Wunder, dass die Tochter aus dieser Ehe nicht nur den Namen der Herzogin trug; sie hatte sie auch zur Patin. Vater Weissensee war dann geschätzter Lehrer künftiger

Pfarrer, bevor er als Prälat Mitglied der Kirchenleitung wurde. An der Anteilnahme, die Vater Weissensee dem 14 Jahre jüngeren Johann Albrecht Bengel schenkte, wird deutlich, dass er weit mehr war als nur ein Unterrichtender.

Des Vaters ganz besondere Zuwendung galt jedoch der Tochter Magdalena Sibylla. Er selbst gab ihr Privatunterricht in Latein, Griechisch und Mathematik. Er machte ihr alte Schriftsteller ebenso lieb wie eine Vielzahl von zeitgenössischen Dichtern. Selten hat wohl ein Mädchen in jenen Tagen eine solch umfassende Bildung erhalten. Sie durfte das Klavierspielen lernen. Es wurde ihr so lieb, dass sie einmal später ihr »Clavicordium« besang: »Du bist nach Mann und Kind/mein treuester Gefährte.« Sich selbst am Klavier begleitend, sang sie gerne und viel. »Ich leierte den ganzen Tag im Haus herum«, so bekannte sie. Aber über diesem Singen auch bei häuslichen Arbeiten prägte sie sich viele Lieder und Choräle im Herzen ein. Dabei wurde der Wunsch immer stärker: Ich möchte doch mein Lobpreisen Gottes nach eigenem Gefühl und mit eigenen Worten ausdrücken!

Zum Lob Gottes gab es schon im jungen Leben von Magdalena Sibylla viele Anlässe. Dass sie überhaupt zum Leben kam! Wegen eines Franzoseneinfalls hatten die Eltern von Maulbronn fliehen müssen. Dabei fiel zweimal der Wagen um, auf den die hochschwangere Mutter gebettet war. Dies und die ganze überstürzte Flucht in Winterkälte brachte die Mutter mitsamt dem erwarteten Kindlein an den Rand des Todes. Als die Fliehenden zurückkehrten, wurde Magdalena geboren. Aber schon zehn Wochen später musste die Familie in das Kloster Blaubeuren umziehen. Über die Hochfläche der Schwäbischen Alb blies damals ein rauher Märzwind. Die von Pferden gezogenen Wagen waren dick aufgeschüttet mit wärmendem Stroh. Die kleine Magdalena Sibylla war so tief im Stroh verborgen, dass ein Unachtsamer bei einem Halt auf sie trat.

Als junges Mädchen überfiel sie eine schwere Blatternerkrankung. Aber sie genas nach herben Krankheitswochen. Bewahrt blieb das muntere Mädchen, als es sich beim Herumtollen im Blaubeurer Klosterviertel eine klaffende Wunde direkt über der Schläfe zuzog und als sie ein anderes Mal in den tiefen Quelltopf der Blau fiel; ein

Dachdecker, der in der Nähe an der Arbeit war, sah den Unfall und rettete – rasch zupackend – das Kind aus dem kalten Wasser.

Auch ihre Bitten zu Gott wollte Magdalena Sibylla mit eigenen Worten ausdrücken. Denn auch zu flehentlichem Gebet gab es bei ihr manchen Anlass. Schwerstes Kopfweh begleitete sie von Kindheitstagen an lebenslang. Zum Teil waren die Nervenschmerzen so grausam, dass sie am Sprechen gehindert war. Ja, manchmal war ihr ganzes Gesicht wie gelähmt. Darum betet sie in einem ihrer geistlichen Lieder: »Auf mein Flehen / lass dich sehen / und verbirg dich länger nicht!«

Als Antwort auf diese Bitte zu Gott sah sie an, dass sie beim Apostel Paulus entdeckte: Dieses herausragende Werkzeug Gottes war ja ständig durch einen »Pfahl im Fleisch« geplagt. Von Paulus lernte auch sie, dass Leiden dazu auferlegt sein kann, »dass ich mich nicht überhebe«.

Als sie gerade 16 Jahre alt geworden war, warb der Jurist Emanuel Rieger um sie. Dieser Klostervogt konnte sich nicht satt sehen an dem lieblichen jungen Mädchen, das ihm ihr »Ja« gegeben hatte. Er konnte sich auch nicht satt hören an ihren Reimen. Er war es, der sie immer wieder ermutigte, doch aufs Neue ein Gedicht zu versuchen. Zwar schalt sie ihn gelegentlich als einen »Treiber«, aber sie freute sich doch an der Ermutigung.

1723 war die Hochzeit der beiden in Blaubeuren. 1730 wurde der Ehemann nach Calw versetzt und schon ein Jahr später als Regierungsrat nach Stuttgart berufen. Jetzt war die junge Ehefrau wieder in der Nähe ihrer engsten Angehörigen; denn die Eltern waren in Stuttgart heimisch geworden. Auch die Schwester, die Ehefrau des Stiftskirchenpfarrers Stockmayer, lebte nur ein paar Häuser entfernt.

Nicht nur Frauen neideten es Frau Rieger, dass sie im Städtchen durch ihre Gedichte bekannt wurde. Auch Männer nahmen daran Anstoß, dass sich eine Frau mit Dichten abgab. Das sei doch seit dem Altertum Männersache. Auch darin komme den Frauen das Schweigen zu. Magdalena Sibylla wehrte sich geistreich, natürlich auch in Reimform:

»Die Ehre bleibt allein / dem männlichen Geschlecht,
das hat gemeiniglich, die Kunst allein gegessen.
Von Weibern ist dies schon / verwegen und vermessen!
Ja, schweigen sollen sie! Nur dies ist gut und recht!
Bei uns ist der Verstand / im Mutterleib erfroren,
wir sind zu nichts als nur / zu ihrem Dienst geboren!
Es wird uns oft kaum noch, der Schlüssel anvertraut,
die Küche, Herd und Tisch / und Keller zu verwalten.
Wir müssen jederzeit / genaue Rechnung halten
für Erbsen, Linsen, Obst / Brot, Mehl, Holz, Butter, Kraut.
Die Kinder dürfen wir / noch helfen auferzieh'n.
Mehr Weisheit und mehr Witz / ist Weibern nicht verlieh'n!«

Vom Reimen wollte sich die Frau Expeditionsrätin, wie man sie ehr-
fürchtig nannte, nicht abbringen lassen. Aber nie hätte sie daran ge-
dacht, ihre Gedichte zu veröffentlichen. Entschieden wehrte sie ab,
als der Arzt Dr. Triller sie dazu ermutigte. Trotzdem schmiedete er
zusammen mit dem Ehemann fast so etwas wie ein Komplott. Sie
sammelten ohne Wissen der Verfasserin deren besten Gedichte und
gaben sie dann gedruckt heraus – mit einer gereimten Widmung an
die Dichterin versehen. Denn Dr. Triller, der mit eigenen Reimen
viele Menschen ermutigt hatte, wollte mit Frau Riegers Versen auch
einen größeren Kreis von Menschen erbauen.
    Wie reagierte darauf Magdalena Sibylla? Eigentlich hätte man er-
warten müssen, dass sie erbost gewesen wäre, dass zwei Männer
über ihren Kopf hinweg gehandelt hatten. Aber sie war erstaunli-
cherweise hocherfreut. Ja, die gedruckte Gedichtsammlung weckte
in ihr neuen Lebensmut gerade während einer Zeit, in der sie wegen
ihres Nervenleidens besonders verzagt gewesen war. Zu Dr. Triller
fasste sie neues Zutrauen: »Könnte nicht einer, der mich so versteht
und der mir so Gutes will, nicht auch meinem armen Körper auf-
helfen?« Doch Dr. Triller riet zu keiner Kur und zu keiner besonderen Medizin, sondern zu mehr Kaffeetrinken. Das war unge-
wöhnlich; denn in jenen Tagen war der Kaffee meist als »giftiges
Höllengebräu« verschrien. Aber der Kaffeegenuss half erstaunlicher-
weise mehr als alle vorausgegangenen Badeaufenthalte und Medi-

kamentenkuren. Frau Rieger riss es zu dem holperigen Zweizeiler
hin:

»Es gibt in Württemberg/ doch noch geschlachte Männer,
des edlen Kaffeetranks/ Verehrer und auch Kenner!«

Aber auch der edelste Kaffee konnte nicht alle Nöte vertreiben. Immer wieder wurde die Reimerin von bohrenden Zahnschmerzen geplagt; schlaflose Nächte quälten sie – voll von Erinnerungen an das Sterben von Kindern und an Fehlgeburten. Jahrelang begleiteten sie schmerzende Unfallfolgen, nachdem sie zwar rechtzeitig rasch entschlossen aus einer Kutsche mit scheuenden Pferden abgesprungen, aber doch auf eisig-harter Straße schwer zu Fall gekommen war. Noch mehr verletzte sie, wie man mit ihrem verehrten Vater umging. Im Herzogtum hatte man das Gerücht aufgebracht, der Prälat und Oberkonsistorialrat Weissensee wolle zusammen mit dem katholischen Herzog Alexander das evangelische Herzogtum wieder katholisch machen. Zwar war alles aus der Luft gegriffen; angesichts des redlichen Prälaten Weissensee war das hinterhältige Gerücht auch mehr als dümmlich. Aber immer mehr Kreise auch gerade kirchentreuer Menschen schenkten dem Geschwätz Glauben. Auch das Konsistorium stellte sich nicht klar vor ihr Kollegialmitglied. Vielmehr halfterte es den Prälaten ab und degradierte ihn zum Propst von Denkendorf, um ihn aus Stuttgart loszubekommen.

Die Tochter litt unsagbar mit dem Vater; sie wurde fast irre an Menschen, zu denen sie bis dahin hinaufgeschaut hatte. So entstand der bittere Vierzeiler:

»Sitz ja nicht auf der Bank, / worauf die Lügner sitzen.
Sie sind dem Herrn ein Greu'l! / Trink nicht aus ihren Pfützen!«

Aber nicht irre wurde Magdalena Sibylla an ihrem Heiland Jesus Christus. Zu ihm betete sie:

»Ich ruf und schrei von ganzer Seelen:
Erbarm dich, Jesus, über mich!

Wem anders soll ich mich befehlen?
Ich sitz am Weg und fasse dich!
Du gehst, ich weiß es, nicht vorbei,
bevor auch mir geholfen sei!«

Die Hilfe Jesu kam anders als erwartet. Vater Weissensee wurde zwar nicht rehabilitiert. Aber seine Denkendorfer Klosterschüler, die volles Zutrauen zu ihm hatten, gaben ihm seinen guten Namen zurück.

Um so tragischer war es, dass gerade in Denkendorf – anlässlich eines Geburtstagsbesuches beim Schwiegervater – der Ehemann der Dichterin von einem Schlaganfall getroffen wurde. Zwar brachte man ihn noch nach Hause nach Stuttgart. Aber schon zwei Tage später verstarb er im Februar 1758 – tief betrauert von seiner Frau.

Das Glück des Verheiratetseins hat sie in die Verse gefasst:

»Es gibt noch liebe Männer!
Sie wissen sich und uns / durch Lieben und durch Ehren
als in ein Paradies / den ›Weh‹-Stand zu verkehren.
Ein solcher hält sein Weib / für seine Kron' und Zierd'.
Er spürt, wie Öl und Mehl / durch sie gesegnet wird.
Des Weinstocks um sein Haus / kann er sich täglich freuen,
die Ölzweig um den Tisch / sieht er nach Wunsch gedeihen.
Bei einem solchen Mann / ist gut, ein Schäflein sein:
sie isst von seinem Tisch / und trinkt von seinem Becher;
sie schläft in seinem Schoß / er ist ihr Schutz und Rächer.
Sie hat mit ihm all' Ehr, / Lust, Gut und Glück gemein.
Sie lehrt und wird gelehrt, / sie führt und wird geführt,
sie sättigt und wird satt, / sie ziert und wird geziert.
Kommt. Kinder guter Art / legt diese Fesseln an!
Sie drücken nicht so schwer / der Eh'stand ist ein Garten,
worinnen Blumen, Blüt / und Früchte zu erwarten.«

Über den über zwanzig Jahre langen Witwenstand von Magdalena Sibylla wissen wir eigentlich nichts. Am Silvestertag 1781 ist sie in Stuttgart gestorben.

Noch mindestens zwei Generationen lang hat sie mit ihren Liedern in Württemberg nachgewirkt. Die Reime waren »echt«, auch wenn manches dichterisch unvollkommen war, ja manchmal auch gespreizt und holperig wirkte. Aber das meiste von ihren Reimen war eigentlich nur zum »heiligen Zeitvertreib« aufgeschrieben worden, wie Frau Rieger selbst bekannte. Darum hatte sie sich auch anfangs gegen die Drucklegung ihrer Gedichte gewehrt.

Aber gerade Frauen und Mädchen haben in den Reimen den Pulsschlag einer Mitchristin gespürt, die sich ihren Wert vom lebendigen Gott geben ließ und davon offen redete. Eine niedrige Dienerin wollte sie vor dem lebendigen Gott sein! Aber nicht vor Männern! Mit der Kunst, das eine vom andern zu unterscheiden, hat sie besonders in den Bereich des schwäbischen Pietismus hineingewirkt. In den »Stunden« wird bis heute ihr Gebetsvers gesungen:

»Reiss mein Herz von allen Dingen,
die die Welt für Schätze hält!
Hilf mir, mich in Demut schwingen
über diese stolze Welt!
In der tiefsten Niedrigkeit
mach mich dir zum Dienst bereit,
dass ich dir im Geist anhange
und sonst weiter nichts verlange.«

Herzogin Henriette von Württemberg

HENRIETTE,
HERZOGIN VON WÜRTTEMBERG,
GEB. PRINZESSIN
VON NASSAU-WEILBURG

geboren 22. April 1780 in Kirchheimbolanden
gestorben 2. Januar 1857 in Kirchheim/Teck

Aus nassauischem Fürstengeschlecht stammte sie; sie war verwandt mit dem englischen Königshaus und mit den holländischen Oraniern. Aber Dr. Christian Gottlob Barth nannte sie »unsere edle Mutter des Volkes Gottes in Württemberg«. In erster Linie war sie leibliche Mutter von vier später gekrönten Töchtern und eines weniger bekannt gewordenen Sohnes Alexander (1804 - 1885). Über die älteste Tochter Maria Dorothea (1797 - 1855), verheiratet mit dem Erzherzog Josef von Österreich, Palatin von Ungarn, war die aristokratische Frau verschwägert mit dem österreichischen Kaiserhaus. Die zweite Tochter Amalie (1799 - 1848) wurde als Herzogin von Sachsen-Altenburg eine der Stammmütter des hannoverschen Königshauses. Pauline (1800 - 1873), die dritte Tochter, war an der Seite von Wilhelm I. Königin von Württemberg. Die vierte Tochter Elisabeth (1802 - 1864) wurde Markgräfin von Baden.

Das alles sieht so aus, als ob eitel Sonnenschein über der Familie gelegen hätte. Aber Herzogin Henriette hatte eine schwere Ehe. Sie war verheiratet mit Herzog Ludwig von Württemberg, dem Bruder des württembergischen Königs Friedrich I., einem derben und heftig aufbrausenden Krieger. Er befehligte die württembergischen Reiterscharen, als diese auf der Seite Napoleons gegen Preußen zu Felde zogen. Er war 23 Jahre älter als seine nassauische Ehefrau. Schon seit jungen Jahren war er durch einen Sturz vom Pferd gesundheitlich schwer angeschlagen. Von seiner Ehefrau treu gepflegt, starb er 1817 im Kirchheimer Schloss, dem traditionellen Witwensitz württembergischer Herzoginnen. König Friedrich I. hatte seinem Bruder und seiner Familie dieses Schloss als Wohnsitz überlassen.

Die Erziehung der fünf Kinder lag ganz in den Händen von Herzogin Henriette. Es war ihr Bestreben, ihnen das Beste zu geben. In die Verstrickungen politischer Weltgestaltung wollte sie sich selbst nicht einmischen. Aber ihre Kinder sollten fähig werden, öffentliche Verantwortung zu übernehmen in einer Welt, in der sich »die finsteren Kräfte des Bösen regen«. Darum war der mütterlichen Adligen wichtiger noch als die exzellente geistige und musische Bildung ihrer Kinder – immerhin war Carl Maria von Weber beinahe zwei Jahre lang Musiklehrer im Kirchheimer Schloss –, dass die jungen Leute Glaubensimpulse bekämen.

Henriette nötigte ihre Kinder weder zum Lesen der Bibel noch anderer geistlicher Bücher. Auch zwang sie die Töchter samt dem Sohn nicht zum Beten. Sie nötigte die jungen Leute nicht zu Gottesdiensten und geistlichen Veranstaltungen. Vielmehr übertrug sie das Modell des geistreichen »Zirkels«, der vornehmen Teegesellschaften und der exklusiven Clubs auf das Religiöse. Gastlich öffnete sie ihre besten Säle für Begegnungen mit vitalen Christenmenschen. Sie sorgte dafür, dass im Kirchheimer Schloss Menschen aus- und eingingen, die etwas ausstrahlten von der Wirklichkeit Gottes und seines Reiches. Dazu gehörte der Herrnhuter Reiseprediger Weiz ebenso wie der am Stuttgarter Hof in Ungnade gefallene Pfarrer Dann, der Missionspionier Dr. Christian Gottlob Barth gleichermaßen wie die Kirchheimer Seelsorger Dekan Dr. Bahnmaier und der Dichterpfarrer Albert Knapp; beide hatte Herzogin Henriette bewusst als Seelsorger nach Kirchheim gezogen. »Tätige Glieder des Reiches Gottes« sollten zu dem Kreis gehören, den sie um sich sammelte. Auf diese Weise bekamen die fürstlichen Kinder schon in jungen Jahren viel davon mit, welche Macht der Glaube an den lebendigen Christus sein kann, welche Horizonte er aufreißt auch in den Bereichen von Diakonie und von Weltmission und wie er hellwach macht für die Herausforderungen der Gegenwart.

Christen sollten »natürlich« sein und bleiben. Das war Herzogin Henriette wichtig. Obwohl sie selbst Tabakgeruch nicht leiden konnte, freute sie sich am Pfeifenrauchen des Kirchheimer Dekans

Dr. Bahnmaier. Sie schenkte ihm sogar eine wertvolle Tabakspfeife mit der Bemerkung:»So liebt man seine Freunde, dass man selbst ihre Schwächen unterstützt«. Das Christenleben, das sie ihren Kindern vermitteln wollte, sollte nicht gespickt sein mit lauter Verboten. Vielmehr sollte es bestimmt sein vom großen »Ja« Gottes zu den Menschen.

Schon als die Töchter längst verheiratet waren, sorgte die Mutter dafür, dass sie von rechten Seelsorgern stützend begleitet würden. Besonderes Vertrauen gewährte sie dabei dem schlicht scheinenden, in äußerer Armut quer durch Deutschland wandernden herrnhutischen Diasporaprediger Johann Conrad Weiz (1780 - 1857). Weiz begleitete geistlich Königin Pauline von Württemberg, die in ihrer Ehe mit König Wilhelm I. nicht gerade glücklich war. Viele Briefe gingen zwischen Weiz und Königin Pauline hin und her. Wenn Herzogin Henriette zu Besuch im Stuttgarter Schloss war, sorgte sie dafür, dass auch das Ehepaar Weiz von Königsfeld her eine Privataudienz bei der Königin bekam. Die mütterliche Herzogin finanzierte Reisen von Weiz mit der Extrapost nach Preßburg zur Tochter im fernen habsburgischen Land und zur Tochter in Sachsen-Altenburg. Besonderen seelsorgerlichen Zugang fand Weiz bei der österreichisch-ungarischen Erzherzogin. Nach einem Besuch von Weiz schrieb sie an ihre Mutter: »Was mir früher unerträglich war, scheint mir nun leichter.«

Weiz konnte sich auch beim badischen Großherzog und bei Baron von Gemmingen dafür einsetzen, dass der vom Katholizismus zum evangelischen Glauben übergetretene Erweckungsprediger Aloys Henhöfer in Baden wirken konnte. Das alles geschah unter der schützenden Hand von Herzogin Henriette.

In »Welthändel« wollte sie sich ganz bewusst nicht einmischen. Sie schrieb einmal:»Dazu habe ich weder die Macht, noch getraue ich mir, die Zustände wirklich recht ermessen zu können. Ich bin zu schüchtern, mein Ermessen für das richtige zu halten. Punktum!« Aber wenn es um religiöse Fragen ging, dann setzte Herzogin Henriette alle Hebel in Bewegung. So etwa damals, als württembergische Dekane die herrnhutischen Reiseprediger als unruhestiftende »Emmissaire« ansahen, denen das Wirken im Königreich Württemberg untersagt gehörte. Auf Henriettes Einsprache ist es zurückzuführen, dass neben den örtlichen pietistischen Gemeinschaften auch die Reiseprediger Herrnhuts Möglichkeit zum Wirken bekamen, die wir heute »reisende Evangelisten« nennen würden. Von Dekan Dr. Bahnmaier, dem Schwager des Basler »christlichen Erfinders« Christian Friedrich Spittler, hatte sie die Parole gehört, die ihr eingeleuchtet hatte: »Wir wollen dafür sorgen, dass in aller Welt Heiden zu Christen werden; aber wir wollen uns umso mehr darum bemühen, dass in unserem Land nicht wieder aus Christen Heiden werden!«

Äußerlich gesehen traute man der in mittleren und späteren Lebensjahren sehr korpulent-matronenhaft gewordenen Herzogin nicht zu, dass sie in ihrer Jugendzeit in Bayreuth eine hochgewachsene schlanke Frau gewesen sein sollte. Erst recht traute man ihr beim ersten Hinsehen nicht zu, dass sie voll erfinderischer Dynamik war – besonders auch im Bereich von Diakonie und Armenfürsorge. Aber wer genauer hinblickte, war beeindruckt von den wachen blauen Augen, von der schön gebauten Stirn, von der Fülle des silberweißen Haares. Vor allem aber waren bei Herzogin Henriette die Weite des Denkens beeindruckend, der nüchterne Verstand, die vorsichtige Klugheit, mit der sie geduldig, aber auch standhaft ihre Ziele verfolgte. Dabei hatte sie Sinn für Humor und für treffenden Witz. Dr. Christian Gottlob Barth schrieb: »Wenn die Herzogin nach ihrer Lorgnette griff, da sie kurzsichtig war, und sah sie jemanden, mit dem sie sich unterhielt, fest an, so wusste man, dass gewiss ein treffendes Wort folgen werde«. Die Herzogin gab gerade diesem Dr. Barth, dessen Urteil in christlichen Kreisen weit über Württemberg hinaus viel galt, neckend den Beinamen »Papst«; damit wollte sie ihn an die Gefährlichkeit seiner Stellung erinnern.

Mütter haben ein natürliches Gespür dafür, dass Leben erhalten werden und dass Leben gemehrt werden muss. Das hat Herzogin Henriette nicht nur an den eigenen Kindern bewährt. Vielmehr war sie eine fürsorgliche Mutter des einfachen Volkes gerade mit all ihren Impulsen im weiten Bereich der Diakonie. Als Präsidentin des Kirchheimer Wohltätigkeitsvereins sorgte sie dafür, dass in und um Kirchheim 22 »Industrieschulen« eingerichtet wurden; bis dahin hatten Kinder aus sozial schwachen Schichten keine Möglichkeit zu rechter

Schulbildung. Für die Kirchheimer Kleinkinderschule gab die Herzogin aus ihrer Privatschatulle den Grundstock. Im Rahmen der von Beuggen am Rhein ausgehenden Rettungshausbewegung für arme und verwahrloste Kinder, die dann vor allem in Württemberg Fuß fasste, setzte sich Herzogin Henriette unermüdlich für die Gründung und für den Ausbau der Kirchheimer »Paulinenpflege« ein. Sie war es, die Impulse gab für den Bau des Kirchheimer Wilhelmspitals und für seine Prägung durch Kaiserswerther Diakonissen. Aber auch die Gründung der ersten Ortskrankenkasse und der privaten Feuerwehr in Kirchheim geht auf ihre Anstöße zurück. Herzogin Henriette hielt engen Kontakt mit dem 1852 von Göppingen nach Kirchheim verlegten Frauenstift, das später als »Henriettenstift« den Namen der Wohltäterin bis heute weitertrug. Die letzte Gründung Henriettes war eine besondere Schule für »Töchter« (1857). Durch das Begleiten ihrer eigenen Töchter wusste sie, wie wichtig rechte Bildung gerade zukünftiger Frauen und Mütter ist. All diese Impulse haben weitergewirkt. Die zentrale diakonische Einrichtung Hannovers trägt bis heute den Namen »Henrietten«-Stift; denn die Enkeltochter Marie, Königin von Hannover, ermöglichte im Geist der Großmutter und auch mit Hilfe ihres Erbes den Bau dieses Diakonissenkrankenhauses, das bewusst den Namen der Großmutter Henriette bekam.

Auch darin war Herzogin Henriette eine rechte Mutter, dass sie die Fäden in der Hand behalten und doch Aufgaben delegieren konnte. Sie konnte Beauftragte ermutigen und loben, Zögernde jedoch sanft tadeln. Sie hielt es mit den Gesangbuchversen, die Dekan Dr. Bahnmaier gedichtet hatte: »Auf, zur Ernt in alle Welt! Weithin wogt das reife Feld; klein ist noch der Schnitter Zahl, viel der Garben überall. Herr der Ernte, groß und gut, weck zum Werke Lust und Mut; lass die Völker allzumal schauen deines Lichtes Strahl!«

Herzogin Henriette war schon schwer leidend, als sie sich beim württembergischen Hof dafür einsetzte, das Töchterinstitut auf eine solide finanzielle Grundlage zu setzen. Erhalten geblieben ist uns eine kleine Notiz, die einem Betrag von hundert Gulden beigelegen hatte: »Als Gabe schickt es die Königin, die gerade hier war, in die Kasse. Henriette«. Nach schmerzhaftem Magen- und Darmleiden verschied die weit über Kirchheim und Württemberg hinaus beliebte

Herzogin. Als letzte Angehörige des Hauses Württemberg wurde sie in der Grablege der Stuttgarter Stiftskirche beigesetzt.

Der Herrnhuter Reiseprediger Weiz schrieb damals: »Sie war eine Perle des Königshauses, eine Mutter der Armen und Notleidenden, eine vielfältige Helferin in allen Werken zur Ehre Gottes und eine demütige, lebendig gläubige Jüngerin Jesu Christi. Ausserhalb Württembergs geboren, war sie doch im Laufe eines halben Jahrhunderts völlig im württembergischen Vaterland eingelebt und ein hervorragendes Glied im Kreise der Gläubigen Württembergs geworden. Der Umgang mit Mitchristen war ihr ein Bedürfnis. Dabei gab es bei ihr keinen Standesunterschied. Sie erbaute sich mit Leuten aus dem Volke ebenso wie mit Gebildeten. Mit warmem Interesse verfolgte sie den Gang des Reiches Gottes hier und in aller Welt. Es war ihr wichtig, immer neue Werkzeuge Jesu im In- und Ausland kennenzulernen. Nie fand sich bei ihr auch nur eine Spur von gesuchter Geistlichkeit. Sondern da war nur ungezwungene Freundlichkeit und bei allem Ernst noch solche Heiterkeit, dass man sich recht zurückhalten musste, um nicht die durch den Standesunterschied gezogene Grenze mutwillig zu überschreiten.«

Noch kürzer fasste Dr. Christian Gottlob Barth seinen »Nachruf« auf die Herzogin:« Diese Vereinigung von Hoheit und Demut, von Geistreichheit und Einfalt, von Nüchternheit und Eifer, von Milde und Ernst ist mir sonst nirgends vorgekommen.«

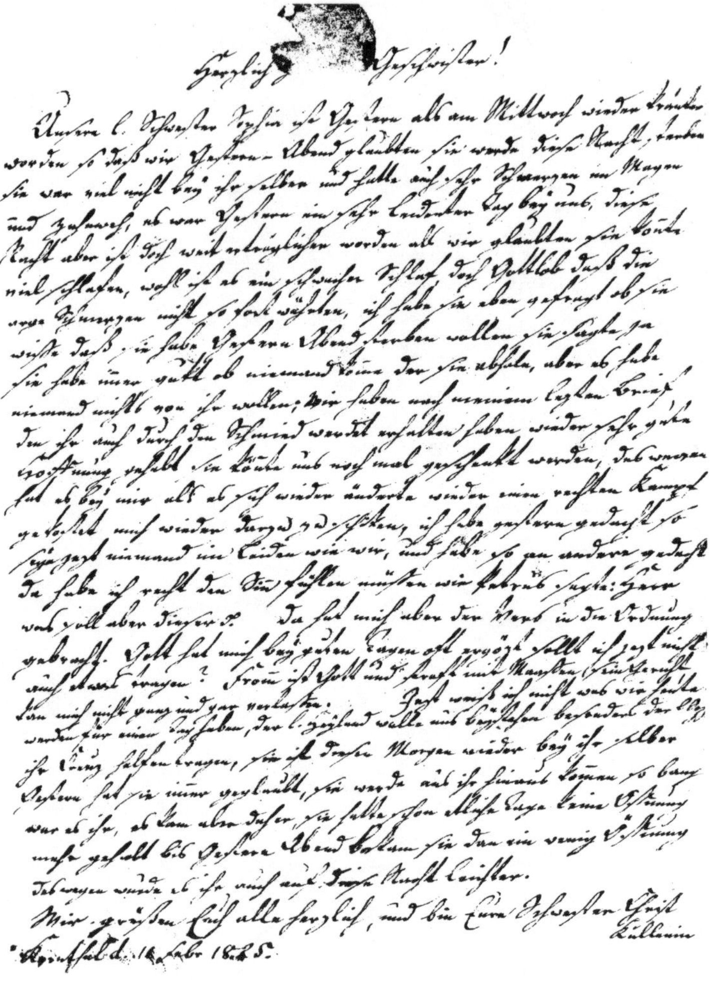

Faksimile eines 1825 von Christine Kullen nach Hülben geschriebenen Briefes

CHRISTINE BARNER, GEB. KULLEN

geboren 9. Mai 1795 in Hülben
gestorben 23. August 1837 in Korntal

Von der Not in der nach-napoleonischen Zeit können wir heute uns kaum eine Vorstellung machen. Von ihr waren besonders Kinder betroffen. Ganze Bettlerbanden von unversorgten Kindern durchstreiften das Land. Christen waren es, die sich dieser Herausforderung stellten. Christian Friedrich Spittler (1782 - 1867), der geniale »Erfinder« christlicher Werke, komplettierte den Reigen der Missions- und Bibelverbreitungsaktionen durch ein »Rettungshaus«. Die verlassene Ordenskomturei Beuggen bei Basel wurde zur »Mutter« all der vielen Rettungshäuser, die binnen weniger Jahre quer durch Deutschland, ja bis hinauf nach Mitau in Estland, gegründet wurden. Mit Christian Heinrich Zeller (1779 - 1860) berief Spittler den geradezu genialen Pädagogen für dies Werk. Zeller verband mit dem ständig wachsenden Rettungshaus eine »Armenschullehrer-Anstalt«; denn in die armen Dörfer im deutschsprachigen Südwesten, die sich keinen Dorfschulmeister mehr leisten konnten, sollten Lehrer ähnlich wie Missionare entsandt werden. Sie sollten bereit sein, bei kargstem Einkommen den jungen Menschen Freund und Helfer zu werden.

Aber die Seele der ganzen diakonischen Einrichtung Beuggen war Zellers Ehefrau Sophie Zeller-Siegfried.

Zellers erster »Gehilfe« war der Württemberger Andreas Barner (1793 - 1853) aus Owen/Teck. Er bekannte, dass er Zeller »fast abgöttisch« als Schulmann und als Christ verehrte. Aber noch stärker war er beeindruckt von der »Rettungshaus-Mutter«. Er schrieb:

»Wenn man Zellers unvergleichliche Gattin unter diesen armen Kindern wirken sieht, so sieht man das Christentum, wie es in der Bibel enthalten ist. Im Arbeitszimmer Zellers stehen drei Bettlein für die jüngsten Knaben der Anstalt, die teils das Bett nassmachen oder teils sonst unpässlich sind. Aber Frau Zeller steht des Nachts auf und sorgt sich um die Kinder. Auch den Tag über sind die Kinder ihre Hauptsorge. Bald nimmt sie einen Kamm und reinigt einem nach dem andern die Haare, weil sie selbst es eben sehr oberflächlich besorgen. Bald kniet sie einen halben Tag auf dem oberen kalten Boden und sortiert die Schmutzwäsche. Dann verbindet sie einem den Finger, einem andern den Kopf. Unzählige Male rennt sie den Tag über die vielen Treppen auf und ab, vom oberen Stock bis in den Keller, nur um die Bedürfnisse eines jeden zu befriedigen. Wohl hat sie auch ihre Gehilfinnen. Aber sie selbst ist überall vornedran und tut das, was andere nicht tun wollen oder nicht tun können. Dies alles tut sie, wie wenn sie nichts täte – so voller Demut und Bescheidenheit, die sich nicht einmal würdig achtet, dies alles tun zu dürfen«.

Mit dem allem hat Sophie Zeller-Siegfried unbewusst Maßstäbe gesetzt. Zwar holte sich Johann Hinrich Wichern als ersten Mitarbeiter an das in Hamburg gegründete »Rauhe Haus« auch einen »Gehilfen« aus Beuggen. Aber noch wichtiger als solche Leitungspersonen waren die Haus-»Mütter«. Das war auch Andreas Barner klar, als er 1825 an die »Armenschulanstalt« in Korntal berufen worden war. Aber wer sollte, wer konnte die rechte Gehilfin sein?

Da fiel sein Auge auf Christine Kullen. Auch sie hatte sich offenbar danach gesehnt, dass Andreas Barner um sie werben würde, mit dem ihr Bruder Johannes schon lange verbunden war. Aber sie hatte diese Sehnsucht nur ihrem Hülbener Bruder Christian Friedrich Kullen anvertraut.

Christine war wirklich wie geschaffen für die Aufgabe einer Rettungshaus-Mutter. Sie stammte aus dem geistlichen Potential des Hülbener Schulhauses, aus dem eine Generation später auch die Karlsruher Hardthaus-Mutter Elisabeth-Wilhelmine Mayer-Kullen kam. Als sechstes Kind des Schulmeisters Jakob Friedrich Kullen (1758 - 1818) und seiner Ehefrau Barbara, geb. Nestlen, hatte sie schon von Jugend an Freude bekommen an einem trotz eigener Armut gastlich geöffneten Haus, am Lernen und am Weitergeben des Gelernten, an der geschwisterlichen Verbundenheit mit leiblichen Geschwistern und mit Glaubensgeschwistern.

Christine war 24 Jahre alt, als sie zusammen mit ihrer älteren Schwester Sophie sich nach Korntal rufen ließ, in die gerade (1818) von der Landeskirche aus ihrer Unmittelbarkeit entlassene Brüdergemeinde. Sie sollten ihrem damals unverheirateten 32jährigen Lehrerbruder Johannes Kullen (1787 - 1842) das Haus halten und dessen im Aufbau befindliche Lehranstalt mit all ihren Zöglingen mitleiten. Denn das war ja das Besondere an der Brüdergemeinde Korntal, dass sie von bitterarmen Anfängen an pädagogisch-diakonische Aktivitäten ins Leben rief.

Am Anfang war diese »Knabenanstalt« fast so etwas wie ein Familienbetrieb. Aber auch in einer bewusst evangelischen Atmosphäre können keine Christen »gebacken« werden. Einer der Schüler sagte einmal frank und frei: »Ich weiß nicht, mein Herz will nicht recht ans Frommwerden hin!« Selbst Johannes Kullen wurde über dieser Arbeit an jungen Menschen nüchterner. In seiner jugendlichen Sturm- und Drangzeit hatte er – wie er selbst bekannte – »nach Kräften evangelisiert«, um »störrische Schäflein in den Pferch Jesu zu treiben«. Aber später musste er eingestehen: »In der Knabenanstalt habe ich während der ganzen fünfzehn Jahre nur ein einziges Mal etwas erlebt, das man hätte Erweckung nennen können«. Um so wichtiger war es ihm, »Bürger für den Himmel und brauchbare Mitglieder der menschlichen Gesellschaft zu bilden«. Dabei wurde er von seinen Schwestern hilfreich unterstützt. Christine bestach durch ihre »Liebe und Milde«, während an Sophie ein »fast männlicher Charakter« gerühmt wurde. Aber die Gaben der drei Geschwister ergänzten einander. Anschaulich wurde das, wenn sie miteinander Terzett sangen, oft auch bei den Gottesdiensten im neuerbauten Korntaler »Saal«.

Nicht selten kamen die Zöglinge aus vornehmen Familien. Den Schwestern wurde dabei bewusst, welch ländliche Einfachheit bisher ihr Leben auf der Schwäbischen Alb geprägt hatte. Doch weil sie selbst bildungsfähig waren, sahen sie das Zusammenleben mit Kindern aus gebildeten und reichen Häusern als Herausforderung für sich selbst an – bis hin zu Kleidung, Umgangsformen und »gehobenem Schwäbisch«.

Alle nur denkbaren Voraussetzungen waren also dafür gegeben, dass Christine eine rechte »Mutter« des Rettungshauses würde.

Aber der Bruder Johannes dagegen dachte nicht ans Heiraten. Er war ja durch die beiden Schwestern in Haushalt und Knabenanstalt hervorragend versorgt. Auch waren Korntal und die Knabenanstalt dauernd so in finanziellen Engpässen, dass Johannes Kullen nicht wusste, wie er eine eigene Familie ernähren sollte.

Aber da starb nach langem und bitterem Darmkrebsleiden die Schwester Sophie, bis zuletzt aufopfernd gepflegt von Christine. Als praktisch veranlagte Person machte sie bei einer Schweiz-Reise den Bruder auf eine Krankenschwester Therese Hurter aufmerksam: »Bruder, das wäre die rechte Person für dich!« So kam es schließlich dazu, dass 1825 sowohl Christine ihren Andreas als auch Johannes seine Therese heirateten.

Der Ehestand war bei Christine und Andreas Barner weit mehr als eine »Zweck-Ehe« von zwei Menschen, die in christlicher Heimleitung Pionier-Erfahrung hatten. Zwölf Jahre später, also nach dem Tod seiner geliebten Ehefrau, klagte Andreas Barner ergreifend in einem Brief an die Hülbener Verwandten:

»O die liebe, theure Christine! Wie war ich so glücklich durch sie! Nicht immer habe ich mein Glück so erkannt und geschätzt, wie es billig und recht gewesen wäre. Aber sie hatte so viel Raum in meinem Herzen, dass der Herr sicher oft zu wenig Platz bei mir hatte. Oberlin sagte, als seine Frau starb: ›Lieber Gott, gib mir mein Lebtag nichts als Kartoffelhauten zu essen und Wasser aus einer Pfütze zu trinken, nur lass mir meine Frau!‹ Newton sagte: ›Die englische Bank ist zu arm, um meinen Verlust zu ersetzen!‹ So ist's auch mir. Dabei hatten diese beiden Männer ihre Frauen doch viel länger als ich!«

Aber über diese enge persönliche Verbundenheit der beiden Eheleute war mit der Verheiratung eine Brücke geschlagen worden von der Basler-Beuggenschen Erweckung mit all ihren Impulsen und Innovationen in den Bereichen von Diakonie, Weltmission, Bibelverbreitung samt Pädagogik hinüber zum württembergischen Pietismus Kullenscher und Korntaler Prägung.

Mit Andreas und vor allem mit Christine Barner kam ein neuer Elan in die vom Korntalgründer Gottlieb Wilhelm Hoffmann (1771 - 1846) 1823 ins Leben gerufene »Rettungsanstalt«. Bisher war sie nur ein Heim für arme, verwahrloste, verwaiste und verlassene Kinder gewesen. Barner jedoch gliederte sofort dem Rettungshaus eine Heimschule an. So konnte er besser, als es in der öffentlichen Gemeindeschule möglich war, auf die besondere Situation jedes einzelnen Kindes eingehen. Zuerst wurden 70, später über 100 Kinder von den Heimeltern Barner betreut, denen Andreas und Christine ihre Eltern ersetzten. Dabei waren die finanziellen Sorgen um das Durchkommen meist noch größer als die erzieherischen Schwierigkeiten.

Christine schrieb nach Hülben: »Die ganze Haushaltungslast ist wieder auf mich hineingefallen. Ich habe gemeint, ich könnte es nicht mehr prestieren. Dazu die Menge Arbeit, die uns nie fertig werden lässt. Aber ich bin vergnügt unter meinen Kindern und schätze mich glücklich, dass Gott mir einen so schönen und wichtigen Beruf anvertraut hat. Die Bräuninger kam erst kürzlich von der Schlotwiese und buchstabiert erst wenig. Marie Eyting liest jetzt ordentlich; sie hat schon lang mit dem Griffel geschrieben und sollte jetzt anfangen, mit der Feder zu schreiben. Die Riserin und Ebinger haben sehr viel daran profitiert. Aber die Mädchen müssen fleißig zum Stricken und Spinnen angehalten werden.«

Andreas verfasste den ergreifenden Bittbrief: »Heuer fehlen uns ziemlich die Erdbirnen. Zwar hat es bei uns auf unseren vier Morgen mehr gegeben, als wir erwarten konnten, nämlich achtzig Säcke. Aber davon haben wir schon seit eineinhalb Monaten gegessen. Vor einem Jahr hatten wir 200 Säcke, die wir überzählig bekamen. Trotzdem fehlten uns noch ungefähr vierzig Säcke, um die ganze Zahl des Verbrauchs zu haben. Könntest du nicht mit den Brüdern in der Konferenz (der Hülbener Brüderzusammenkunft) darüber sprechen? Wir sind geneigt, den Fuhrlohn zu zahlen. Aber wir wollen niemand zum Gutestun nötigen oder irgendeinem zu nahe treten!«

Christine hatte ein rechtes Geschick im Umgang mit Kranken. Bewährt hatte sich ihre Fürsorge während der schweren Pflege ihrer sterbenskranken Schwester Sophie. Aber nun waren ihr die oft so anfälligen Kinder ans Herz gelegt. Schon beim festlichen Einzug des Brautpaares Johannes und Therese Kullen im Jahr 1825 hatte ein schwerer Unfall die Festfreude überschattet. Ein kleiner Pflegling war vom Wagen gefallen, und die Räder waren über ihn hinweggegangen.

Die Erste, die entschlossen zupackte, war Christine; auf ihren Armen trug sie das schon halb tote Kind fürsorglich nach Hause.

Die im Hülbener Familienarchiv Kullen erhaltenen Briefe Christines sind voll von präzisen und zugleich anteilnehmenden Schilderungen der einzelnen Krankheitsfälle in der Armenschulanstalt. Christine selbst, der die Geburten ihrer sieben Kinder leicht fielen, litt um so schwerer an den Folgen von zwei Fehlgeburten.

Aber noch schwerer litt Christine daran, wenn sie sich im Reden vergaloppiert hatte. So heißt es in einem Brief von 1833: »Gestern habe ich mich an einem unserer Leute versündigt. Ich habe ihm einen Fehler vorgehalten, wollte aber nicht beleidigen. Aber nachher sah ich, dass die Person weinte. Da war mir's sehr arg. Ich war recht im Jammer und erzählte es meinem Mann. Er riet mir, ich solle mich doch ernstlich im Gebet zum lieben Heiland wenden. So bekannte ich dem Heiland, dass es schon lange bei mir an der Liebe gefehlt habe, sonst hätte ich nicht so unweislich gehandelt. Wie groß war mir's dann, dass die beleidigte Person zur Nebentür hereinguckte und wieder mit uns redete. Mein Herz war voll Lob und Dank gegen Gott, dass er so geholfen hat.«

Aber die allergrößte Not brach damals auf, als wegen einer Personalentscheidung in der Brüdergemeinde der Vorsteher Bürgermeister Gottlieb Wilhelm Hoffmann und der Knabeninstitutsvorsteher Johannes Kullen gegeneinander standen; Andreas Barner geriet damals wie zwischen zwei Mühlsteine. Er meinte es gut, als er im Brüdergemeinderat vor einer schnellen Abstimmung warnte. »Hoffmann aber ergrimmte«, so berichtete Barner, »er stand auf und erklärte, dass er hiermit sein Vorsteheramt niederlege, und er goss über Johannes Kullen allen Grimm aus, den er etwa seit zwölf Jahren gegen ihn angesammelt hatte ... Seit ich in Korntal bin, habe ich keine so schweren Tage gehabt ausser in den ersten Tagen meines Hierseins.«

Christine hatte als empfindsame und auch für Spannungen hellwache Frau die Not kommen gesehen. Aber sie wusste auch Rettendes. Davon berichtet sie im Brief vom 28. April 1831:

»Als mein Mann von der Sitzung kam, hatte er ein verweintes Gesicht und sagte immer nur: ›O Mutter, ach Mutter!‹ Vor lauter Jammer konnte er mir lange nicht sagen, was geschehen war. Als er mir endlich die ganze Geschichte sagte, konnte ich nicht anders, als gleich dem lieben Vorsteher Hoffmann ein Zettele zu schreiben. Ich bat ihn aufs allerbeweglichste, doch nichts nachzutragen.«

Dass es danach wieder zu einem überaus herzlichen Miteinander zwischen Hoffmann, Kullen und Barner kam, hatte sicher seinen Auslöser in jenem kleinen »Zettele« der Christine und in den Gebeten, von denen diese Botschaft begleitet war. Ihre Gabe bestand darin, nicht nur Spannungen zu erspüren, sondern sie auch zu entschärfen.

In ihrer persönlichen Frömmigkeit lebte Christine Barner ganz in der Tradition des älteren Pietismus. Sie ließ sich immer aufs Neue im Gewissen aufdecken, worüber Gott bei ihr traurig sein musste. Neben der Bibel hielt sie sich an viele Choräle und geistliche Lieder, gerade auch in den Tagen großer Not; denn geistliche Erfahrung anderer Mitchristen führt selbst Trost mit sich.

Wie liebevoll und kindgemäß konnte sie Nichten und Neffen schreiben, besonders ihren Patenkindern!

Darum war nicht nur ganz Korntal, sondern auch ein weiter Familien- und Freundeskreis tief erschüttert, als es mit der 42jährigen Christine nach einer erneuten Scheinschwangerschaft plötzlich zum Sterben ging. Bei Nacht wurde der Bruder Johannes Kullen zu ihr geholt, obwohl er selbst gesundheitlich schwer angeschlagen war. Innerlich trieb es ihn um, ob er nicht Jesus ernstlich darum bitten dürfe und solle, der Schwester das Leben zu erhalten. Aber er hatte das Empfinden: »Der Herr lässt mir das nicht zu!« So sagte er der Sterbenden offen heraus: »Schwester, du bist reif für die Ewigkeit und wirst wohl jetzt heimgehen. Mache dich von allem los. Lege deine Kinder und deinen Mann dem Herrn hin. Sie sind in der Gemeinde, und wir wollen für sie tun, was wir nur können. Aber du schicke dich zum Heimgehen zum Herrn!«

Manchen Heutigen mag das wie ein unsensibles frommes Geschwätz vorkommen. Aber Johannes Kullen wusste, was schwer Leidtragende und Verlassene am lebendigwirkenden Herrn Jesus Christus haben können. Er hatte erlebt, wie die Brüdergemeinde Korntal hilfreich Verwaiste zu bergen bereit war. Denn Johannes

Hauseltern Mundle in der Armenschulanstalt samt Waisenhaus Korntal

Kullen hatte erleiden müssen, dass nach kurzem Glück seine geliebte Frau Therese starb und ihn mit den Kindern Samuel und Sophie zurückließ; auch seine zweite Frau Wilhelmine war verstorben und hatte ihre aus erster Ehe stammende Mina und den Säugling Therese zurückgelassen.

An den Kindern, welche die sterbende junge Frau zurücklassen musste, wurde der Liedvers wahr, den sich Christine auf ihrem Sterbelager immer wieder vorsagen und vorsingen ließ. Er lautet:

»Den Armen und Elenden / will ER zum Segen wenden,
was ihnen schwer will sein. Es gehe, wie es gehe,
so weiß der in der Höhe
schon Rat und Hilf' für alle Pein!«

Am Grabe Christines, dessen Gedenkstein bis heute gut erhalten auf dem Alten Korntaler Friedhof zu sehen ist, standen im August 1837 neben dem tief trauernden Ehemann und dem fast gebrochenen Bruder Johannes der elfjährige Gottlob (später Pfarrer in Barmen), die zehnjährige Christine (die spätere Stammmutter der Pfarrfamilien Lipps, Reber und Conrad), die neunjährige Sophie (später verheiratet mit Rettungshausvater Mundle und damit Stammmutter der Theologenfamilie Mundle und Lang), die siebenjährige Gottliebin (später Stammmutter der Theologenfamilien Voßwinkel und Schäfer), der fünfjährige Johannes (später Präzeptor), der vierjährige Christian und der erst zweijährige Andreas (später Hoforganist in Karlsruhe und Stammvater des badischen Dekangeschlechtes Barner).

Aber nicht nur an den leiblichen Kindern zeigte sich die Frucht des in Liebe tätigen Glaubens der Mutter Christine. Sixt Carl Kapff, der damalige Korntaler Ortspfarrer und spätere Prälat, berichtete: »Christine Barner, die zur Armut und Niedrigkeit der Armenschulanstalt sich so vorzüglich eignende Gattin, steht mit ihrem Mann so der Anstalt vor, dass wir am äußeren und inneren Gedeihen der Kinder gesegnete Früchte ihrer Arbeit deutlich wahrnehmen.«

Christine hatte einst als Achtjährige am 28. November 1803 in ihr Hülbener Schulheft den Vers aus dem Epheserbrief geschrieben:

»Gott gebe euch erleuchtete Augen eures Verständnisses, zu erkennen, welches da sei die Hoffnung eurer Berufung.« Darunter steht, vermutlich damals vom Vater den Schulkindern in die Feder diktiert: »Es ist Gottes Gabe, diese Hoffnung zu haben und zu wissen.«

Von dieser Gabe lebte Christine Barner; in dieser Hoffnung ist sie gestorben.

Charlotte Reihlen, geb. Mohl

CHARLOTTE LUISE REIHLEN, GEB. MOHL

geboren 26. März 1805 in Kemnat
gestorben 21. Januar 1868 in Stuttgart

Der Bergprediger Jesus hat vom breiten und vom schmalen Weg gesprochen. Das Gleichnis hat quer durch die Jahrhunderte hindurch viele Maler angeregt, die beiden Wege anschaulich darzustellen. Aber oft blieb all das, was Jesus gemeint hatte, im rein Moralischen stecken. So zeigt eine englische Darstellung auf dem »schmalen Weg« das »College«, das Staatsgefängnis aber als beeindruckendes Gebäude auf dem »breiten Weg«. Bildung und Unbildung sind einander gegenübergestellt, Mäßigkeit dem grenzenlosen Genuss.

Das Bild vom »breiten und vom schmalen Weg«, das in vielen württembergischen Häusern zu finden war, hatte andere Konkretionen. Charlotte Reihlen war es, die bei einem unbekannten Künstler das Bild in Auftrag gab. Vor allem konzipierte Charlotte Reihlen die Stationen des »schmalen Weges«. Wichtige Stationen waren für sie Sonntagsschule, also Kindergottesdienst, samt Kinderrettungshaus, kirchliche Jugendunterweisung, Diakonissenanstalt, die Herberge für Obdachlose. All diese Einrichtungen waren Charlotte Reihlen wichtig, weil sie Menschen halfen, auf den Jesusweg zu kommen und auf ihm zu bleiben. Es ging ihr nicht darum, was man als Christ tun »darf« oder »nicht tun darf«. Sondern vielmehr ging es ihr darum, was rechte Christenleute für andere Menschen tun.

Darin war sie selbst unermüdliche Erfinderin. Sie war der geheime »Motor« des vielfältig diakonisch-sozialen und missionarischen Aufbruchs im evangelischen Stuttgart des 19. Jahrhunderts. Dabei war sie keine Pfarrfrau, wie man vermuten könnte. Sie war Ehefrau eines Kaufmanns aus einer wohlangesehenen Stuttgarter Firma der Lebensmittelbranche.

*Lange Zeit wurde Jesu Gleichnis vom »breiten und schmalen Weg«
rein moralisch gedeutet. So auch in einer englischen Darstellung
vom Beginn des 19. Jahrhunderts.*

Aber sie verstand es, Pfarrer zu motivieren. Sie spannte die Stuttgarter Pfarrer Dann und Klaiber samt Prälat Dr. Sixt Carl Kapff als Zugpferde vor den Wagen, wenn es darum ging, in Stuttgart etwa nach dem Kaiserswerther Vorbild das Diakonissenhaus ins Leben zu rufen, das Netz der Kinderbewahranstalten auszubauen, die Sonntagsschulen flächendeckend einzurichten, den Ärmsten der Armen Bleiben zu schaffen, für junge Mädchen Bildungsmöglichkeiten zu verwirklichen.

»Stillstand ist Rückgang«. Dies Wort zitierte Charlotte Reihlen gerne. Ebenso wie das Motto: »Das Christentum besteht nicht im Gefühl; getan werden muss etwas!« Selbstbewusst ergriff sie oft die Initiative, wo sie nicht warten konnte, bis andere zum Handeln aufwachten.

Aber ihre Impulse ließ sie sich aus dem verkündigten Wort Gottes geben; denn sie wusste dankbar um die Bedeutung des Predigtamtes. Am Tor zu dem von ihr neu in Auftrag gegebenen »schmalen Weg« steht die Gestalt eines Pfarrers, welcher einen Bürger, eine vornehme Städterin mit ihrem Kind an der Hand, einen Soldaten, einen Landwirt und einen Handwerksburschen einlädt hin zur Pforte in das Reich Gottes.

Blutsmäßig war Charlotte in einer breiten schwäbischen Pfarrertradition verwurzelt. Ihr Großvater mütterlicherseits war der Stuttgarter Stiftsprediger Götz, dessen Bibelgedicht früher in der kirchlichen Unterweisung auswendig gelernt wurde: »In des Alten Bundes Schriften merke in der ersten Stell ...« (siehe Anhang). Charlottes Vater war der Kemnater und später Weissacher Pfarrer Magister Wilhelm Mohl. Zu den Paten gehörte auch die Urgroßmutter Amalie Storr, die damals hochbetagte Witwe des Stifts- und Hofpredigers Johann Christian Storr, der ein herausragender Repräsentant der Bengelschen Schule gewesen war.

Aber es gab auch erbliche Belastungen. So litt die Mutter Regina Mohl unter schlimmen epileptischen Anfällen und unter lange andauernden Depressionen. Auch Charlotte litt lebenslang unter heftigen Migräneanfällen, die sie bis hinein ins Körperliche schwächten. Ihr Magen ertrug lebenslang nur leichte Speisen.

Charlotte war das einzige Kind der Pfarreheleute Mohl. Schon als Zwölfjährige musste sie oft die Verantwortung für die Haushaltung

Der breite und der schmale Weg
Matth. 7, 13. 14

Dagegen stellte Charlotte Reihlen auf dem »schmalen Weg« all das an diakonisch-seelsorgerlichen Hilfen dar, was ihr wichtig war.

in dem gastlichen Pfarrhaus in Kemnat und in Weissach übernehmen. Weil sie keine Anleitung hatte, lernte sie aus Fehlern. Einmal wollte sie eine gebrannte Suppe für die Tagelöhner bereiten, die auf den Pfarräckern gearbeitet hatten. Dabei schlug das Feuer des Herdes ins heiße Schmalz. Eine helle Flamme schoss zur Küchendecke. Charlotte goss Wasser drüber. Aber das machte das Unglück nur noch größer. Eine Tante sagte nachher, nachdem die Flamme von selbst erloschen war: »Du hättest nur einen Deckel auf den Topf geben müssen, dann wäre das Feuer sofort erstickt!«

Vater Mohl wollte seiner einzigen Tochter aus dem beengenden Hausmütterchendasein heraushelfen. So wurde Charlotte zu einer Tante nach Stuttgart gegeben, als sie etwa sechzehn Jahre alt war. Sie sollte lernen, sich auch in der Gesellschaft der Residenzstadt zu bewegen. Dabei lernte sie die Familie Reihlen kennen. Friedrich Reihlen, einer der Söhne dieser Kaufmanns- und Unternehmerfamilie, verlor sein Herz an Charlotte, als er das frische, unverbildete Mädchen sah. Er war damals junger Mitinhaber des beim Waisenhaus neu erbauten Geschäftshauses Reihlen. Durch Geschäftsreisen quer durch Europa hatte er seinen Horizont geweitet. Besonders ausgeprägt war seine Anteilnahme an allen politischen Strömungen, die auf Veränderung der muffig scheinenden politischen Verhältnisse Württembergs aus waren.

Im Juni 1823 hielt Vater Mohl der achtzehnjährigen Charlotte und ihrem Friedrich die Trauung. Aber rasch fielen Schatten auf das junge Glück. Die Geburt des ersten Kindes Adolf (später Gründer und Inhaber der Stuttgarter Zuckerfabrik Reihlen) kostete der Mutter fast das Leben. Als sie sich kaum davon erholt hatte, überfiel sie ein heftiges Nervenfieber. Auf dessen Höhepunkt verfiel Charlotte in einen Starrkrampf. Die Angehörigen hielten sie für tot. Sie besprachen das Notwendigste im Blick auf die Beerdigung. Charlotte jedoch bekam jedes Wort mit. Eine Todesangst überfiel sie, man könnte sie lebendig begraben. Sie konnte doch keinen Laut von sich geben, keinen Finger regen. Endlich, nach zwei Stunden, kam sie wieder zu sich. Aber auch die daran sich anschließende Erholungszeit im Appenzeller Land brachte keine einschneidende Wiederherstellung der angeschlagenen Gesundheit.

Trotzdem nahm Charlotte am ganzen bunten gesellschaftlichen Leben der »besseren Kreise« in Stuttgart teil. Auch empfand sie es als Vorrecht, Kindern das Leben schenken zu können. 1825 wurde ein Julius geboren, 1828 ein Theodor. Aber wenige Tage nach dieser Geburt des dritten Sohnes bekam der zweijährige Julius eine Luftröhrenentzündung. Innerhalb weniger Tage erstickte das Kind grausam. Charlotte plagte sich mit Gedanken, ob denn dies eine Strafe Gottes dafür sei, dass sie sich so wenig um Gott gekümmert habe. Eine Stuttgarter Seelsorgerin versuchte sie zu trösten. Sie sagte: »Das ist doch keine Strafe! Gott macht es, wie es ein Hirte tut. Wenn der eine Schafmutter nicht weiterbringt, so nimmt er ihr Lämmlein auf den Arm. Dann läuft ihm die Mutter wie von selbst nach!« Aber auch dieser Zuspruch konnte Charlotte Reihlen nicht aus ihrer abgrundtiefen Verzweiflung herausholen. Erst über den Predigten des Pfarrers Dann, der damals an der benachbarten Leonhardskirche wirkte, war es der körperlich und seelisch Zerbrochenen so, »wie wenn eine Dürstende einen Labetrank bekommt«.

Auf dem Bild vom »schmalen Weg« ist gleich hinter der Pforte zum Reich Gottes die Gestalt eines Wanderers abgebildet, der seinen Durst an der Quelle stillt. Parallel dazu sieht man durch die Chorfenster eines Kirchengebäudes, wie ein Pfarrer einem Gemeindeglied den Abendmahlskelch reicht. Das war es, was Charlotte Reihlen persönlich am 19. Juni 1830 als Gewissheit geschenkt wurde: Jesus »reicht mir den Kelch des Heils; er schenkt mir Vergebung der Sünden, er macht mich bereit, alles willig auf mich zu nehmen, was der schmale Weg in der Nachfolge Christi mit sich bringen wird.« So beschrieb Charlotte Reihlen selbst ihren »geistlichen Geburtstag«. Charlotte Reihlen kam es wie eine Bestätigung Gottes vor, als im Dezember 1830 die Tochter Elise geboren wurde, der später noch als Jüngste eine Tochter Maria folgte.

Aber die Frömmigkeit Charlottes, die neu zu einem lebendigen Glauben gefunden hatte, hatte fast etwas Schwärmerisches. Dazu trug auch ihr Wesen bei. Weil Charlotte selbst um diese Gefahr wusste, ließ sie sich gerne von nüchternen Mitchristen raten. Aber auch die hatten es nicht immer leicht, ihren starken Willen zu zügeln, der manchmal in Eigensinn ausartete.

So setzte Charlotte Reihlen sicher ihrem Ehemann zu sehr zu, sich zu »bekehren«, obwohl der sich als ganz rechtschaffener Kirchenchrist vorkam. Da war es der Fellbacher Stundenmann und Weingärtner Johannes Schnaitmann, der Charlotte Reihlen den Kopf zurechtrückte. Nachdem er lange den Klagen von Frau Reihlen über das »unbekehrte Wesen« ihres Mannes zugehört hatte, sagte er: »Ich weiß nicht, was die Stuttgarter Weiber haben, dass sie so darauf aus sind, dass sich ihre Männer bekehren! Ich glaube, sie wollen es eben besser haben!«

Ganz im Unrecht mag der Ehemann nicht gewesen sein, als er einmal verzweifelt ausrief: »Du bist verrückt und bleibst verrückt, und mit einer Verrückten kann und will ich nicht zusammenleben!« Er hatte sogar schon die Kutsche bestellt, die Charlotte in eine Irrenanstalt bringen sollte. Dazuhin noch mitten im Winter kurz vor einer Entbindung der Ehefrau!

Friedrich Reihlen, der leidenschaftliche Befürworter politischer Veränderungen, hatte eben ganz andere Interessen. Gerade in jenen Monaten nach der Pariser Juli-Revolution von 1830 trieb es ihn um, wie denn die politischen und sozialen Verhältnisse neu gestaltet werden könnten. Gerade in dieser Stimmung konnte er die geistliche Wendung im Leben seiner Frau nur als »fromme Spinnerei« ansehen. Zwar kühlte seine Revolutionsbegeisterung erheblich ab, als er einmal das Gespräch zweier Stuttgarter Weingärtner mit anhörte. Der eine sagte: »Wenn's einmal richtig losgeht, dann geht's den Reichen an den Kragen!« Der andere fragte: »Wo meinst du, dass wir anfangen sollen?« Die Antwort lautete: »Ha no, wo anders als beim Reihlen? Da gibt's au was!« Von solcher Art von Revolution wollte allerdings Friedrich Reihlen verständlicherweise nichts wissen. Um so mehr versprach er sich vom Leben in Amerika, im »gelobten Land« der Freiheit. Kurzentschlossen ließ er seine Familie und sein gut gehendes Geschäft im Stich und wanderte 1832 nach Amerika aus.

Die ganze Schuld am Unglück schob die Reihlensche Verwandtschaft der Ehefrau Charlotte zu, obwohl sie – fast so alleinstehend wie eine Witwe – neben den kleinen Kindern auch Geschäftsaufgaben zu erledigen hatte. Hilfreich standen ihr nur bei Stadtvikar Albert Ostertag, der spätere Lehrer am Basler Missionshaus, und Repetent

Dr. Wilhelm Hoffmann (später Basler Missionsinspektor, Tübinger Theologieprofessor und Berliner Hofprediger und Generalsuperintendent), der in ihrem Hause wohnte.

Unvorstellbar war Charlottes Glück, als im März 1834 plötzlich der Ehemann wieder heimkam, innerlich total verändert. Zwei Begegnungen hatten ihm dazu verholfen: In Michigan war Friedrich Reihlen von einem deutschen Landsmann angebettelt worden. Der klagte, er sei an Kommunisten geraten, die ihn total ausgeplündert hätten. Reihlen fragte, warum er sich denn an solche Leute gehalten hätte. Unter Tränen antwortete der Deutsche: »O Herr, ich wollte eben ein anderer Mensch werden!« Das traf Reihlen wie ein Blitz. Das war es doch, was auch er ersehnte. Ein anderer Mensch wollte er werden. Dazu half ihm dann die Seelsorge seines ehemaligen Mitauswanderers Schmid, den er in Ann Arbor fand. Reihlen vertraute sich ihm und erst recht dem lebendigen Jesus Christus an, der Menschen verändern kann. Was er zuvor als »fromme Überspanntheiten« seiner Frau angesehen hatte, das wurde auch ihm nach und nach – allerdings auf einem sehr langen Weg – wichtig.

Ihren Kindern wollte Charlotte Reihlen eine rechte Mutter sein. Darum sollten sie auch einen hilfreichen und ansprechenden Religionsunterricht bekommen. Ein junger Lehrer wurde gefunden. Charlotte räumte diesem Friedrich Weidle das bisherige Besuchszimmer als Wohnung ein. Vom Nebenzimmer aus verfolgte sie selbst den Unterricht. Dabei kam ihr die Idee: Daran müssten auch andere Kinder teilhaben! Sogar erwachsene Christen könnten von Weidle viel lernen.

Bald füllten zwanzig Mädchen aus befreundeten Familien das geräumige Besuchszimmer. An den Abenden wurden Ehepaare zu biblischen Gesprächen mit Friedrich Weidle eingeladen.

Beides wurden Keimzellen für die sogenannte »Weidle'sche Stunde« und auch für eine »selbständige private Mädchenschule« (später Evangelisches Töchterinstitut, heute Evangelisches Mörike- und Heidehofgymnasium).

Das war jedoch erst der Anfang für all die folgenden Initiativen von Charlotte Reihlen. Es folgten der »Hilfsverein« für das sogenannte »Armengesangbuch«, der preiswerten Ausgabe für das neue

Gesangbuch von 1841, – der »Bibel- und Traktatverein«, – der »Stuttgarter Missionsverein«. Zusammen mit der Freundin Charlotte Stammbach setzte Charlotte Reihlen gegen den Widerstand vieler Gemeinschaftsleute durch, dass neben Leonberg und Korntal auch in Stuttgart ein jährliches Missionsfest der Basler Mission begangen würde; denn die Gemeinschaftsleute hatten die Sorge, die Sache der Weltmission könne verwässert werden, wenn sie mitgetragen und dann auch mitbestimmt würde von solchen kirchlichen Leuten, die eine Abneigung gegen alles hätten, was mit »Bekehrung« zusammenhängt. Aber Charlotte Reihlen dachte genau entgegengesetzt: Es könnte doch zur Belebung der lauen Kirchlichkeit beitragen, wenn deutlich würde, welchen Eifer und welche Entschlossenheit die Hinwendung zu Jesus gerade in heidnischen Ländern bewirken kann! Wie glücklich war sie darum, als am 24. August 1843 das erste Stuttgarter Missionsfest in der Stuttgarter Stiftskirche gefeiert wurde; ungefähr achtzig der Festgäste wurden dabei im Haus Reihlen bewirtet. Dies Stuttgarter Missionsfest wurde von da an jährlich bis zur Zerstörung der Stiftskirche im Jahr 1944 gehalten.

Große Schwierigkeiten gab es auch beim Plan, in Stuttgart ein Diakonissenhaus zu gründen. Die für die Diakonissen vorgesehene Tracht wurde als »Nachäffung katholischer Sitten« empfunden. Man hatte Angst vor »frommer Überhebung« derer, die eine solche Tracht tragen würden. Andere sorgten sich, ob denn dafür Spenden aufgebracht werden könnten, nachdem in Württemberg schon so viele Kinderrettungsanstalten und Missionsaufgaben finanziell durch Opfer getragen werden müssten. Aber Prälat Sixt Carl Kapff stand Charlotte Reihlen bei. Schließlich konnte in der Stuttgarter Forststraße im Jahr 1866 das Diakonissenhaus eingeweiht werden, nachdem schon zwölf Jahre zuvor das ehemalige Hofdiener-Hospital als Krankenhaus gedient hatte.

Weitere Gründungen waren die »Mägdeanstalt« als Ausbildungsstätte für »Dienstboten« und das »Privatgymnasium für Söhne« (später noch lange weiterexistierend als »Hayersche Vorschule«).

Über dem allem ließ Charlotte Reihlen persönliche Zuwendung nicht zu kurz kommen. Mit Liebe gewann sie die Herzen der großen Familiengemeinschaft Reihlen, die ihr so lange kritisch gegenübergestanden war. Die Dienstboten im Haus Reihlen wussten, dass sie eine zwar energische, aber auch verständnisvolle Chefin hatten. Kein Notleidender wurde an der Tür des Reihlenschen Hauses ohne Gabe und auch ohne Trost abgefertigt. Charlotte Reihlen gab sogar einem Bedürftigen ihre eigene leichte Flaumdecke, die sie liebte und die sie auch wegen ihrer dauernden Gliederschmerzen dringend brauchte. Sie selbst behalf sich trotz ihrer nächtlichen Bangigkeit mit einer schweren Federdecke.

Geradezu »heilig« interessiert war Charlotte Reihlen am Knüpfen eines Netzes zwischen allen, die ernstlich Christen sein wollten. Sie selbst wollte nicht nur Parteigängerin einer bestimmten Glaubens- oder Frömmigkeitsrichtung sein. Darin verstand sie sich trefflich mit Herzogin Henriette von Württemberg, mit der sie in reger Verbindung stand. Ähnlich den christlichen Gesprächszirkeln im Kirchheimer Schloss sammelte Frau Reihlen in ihrem Haus Menschen wie Pfarrer Dr. Christian Gottlob Barth, den schwedischen Missionar Fjellstedt, den Stuttgarter Pfarrer Wilhelm Hofacker, die leitenden Hahn'schen Brüder Schulmeister Kolb, Anton Egeler und Johannes Schnaitmann. Sie konnte sagen: »Christliche Geschwister sind mir eine lebendige Bibel!« Viel verdankte sie dem Bürgermeister und Notar Gottlieb Wilhelm Hoffmann, dem Gründer der Brüdergemeinde Korntal. Es wurde ihr zum Trost, als er einmal sagte: »Gucket au, wie schnurgerade der Herzog seinen Weg von der Solitude nach Ludwigsburg ziehen ließ! Wenn man ihn droben vom Schloss Solitude übersieht, meint man, er sei nur eine halbe Stunde lang. Erst wenn man ihn geht, merkt man, dass die Höhen und Tiefen dabei nicht mit eingerechnet sind. So ist es auch mit dem Christenleben!«

Durch Tiefen ging es bei Charlotte Reihlen besonders in ihren letzten Lebensjahren. Sie schrieb damals: »Ohne den Heiland wäre ich der Hölle preisgegeben.« Ihr Mann konnte nach einem schweren Schlaganfall nur noch lallen; oft schrie er wie irre auf. Er musste sich wie ein Kind pflegen lassen. Charlotte selbst war durch all die sie immer begleitenden Krankheiten zunehmend geschwächt, zu denen noch ein Leberleiden kam. In der Neujahrsnacht 1868 erkältete sie sich. Ein tief sitzender Husten brachte viel Atemnot. Trotzdem schrieb sie noch einen Bettelbrief für den Bau einer Diakonissenkirche. Als sie die Feder aus der dick geschwollenen Hand weglegte, sagte sie zur Tochter: »So, das war mein Schwanengesang.« Am 21. Januar 1868 ist sie dann, nachdem alle ihre Kinder und Prälat Kapff an ihrem Sterbelager eine Andacht gehalten hatten, dreiundsechzigjährig verstorben.

Seit dem Evangelischen Kirchentag 1850 in Stuttgart war es ihr zum Herzensanliegen geworden, dass von der Landeshauptstadt aus gesundmachende Kräfte in das ganze Land hineinwirken möchten. Christen sollten aus allen Lagern zusammenstehen, um dieses Ziel zu erreichen. Wie eine rechte geheime »Landesmutter« trat sie dafür ein.

Eines ihrer Leitworte lautete:

»Gerade die Gemeinschaft hat Jesus gesegnet. Die Gemeinschaft mit anderen Christen ist uns gegeben, um damit unseren Glauben zu stärken. Freilich dürfen wir sie nicht auf Kosten unserer Pflichten pflegen. Es ist aber ein großer Unterschied, ob man nicht zur Gemeinschaft mit anderen kommen k a n n oder ob man nicht kommen w i l l.«

Wilhelmine Canz

WILHELMINE CANZ

geboren 27. Februar 1815 in Hornberg
gestorben 15. Januar 1901 in Großheppach

»Im Remstal hat bald jede Gemeinde ihre Anstalt der Diakonie.« So ist es in einem kirchengeschichtlichen Werk zu lesen. Aber auch im Reich Gottes entsteht nichts von selbst. Menschen sind es, die Gott zu seinen Säeleuten macht. Das Remstal war und ist jedoch ein für Gottes Aussaat wohlvorbereiteter Boden.

Solch eine Säefrau war Wilhelmine Canz. Obwohl sie nie verheiratet war, hat sie bis heute den Ehrennamen »Mutter Canz«. Denn sie wurde eine rechte Mutter für die durch sie ins Leben gerufene Großheppacher Kinderschwesternschaft; auch wurde sie unzähligen der von dieser Schwesternschaft betreuten Kinder eine »Mutter«.

Wilhelmines Eltern stammten aus Altwürttemberg. Der Vater fand im benachbarten badischen Hornberg eine Anstellung als Oberamtsarzt. Dort wurden die Kinder Karl und Wilhelmine geboren. Manchmal hatte die zwei Jahre jüngere Tochter den Eindruck, sie wachse »nur so nebenher« auf; denn die ganze Zuwendung der Eltern galt dem meist kränklichen Bruder.

Wilhelmine fühlte sich stark zum milden, liebevollen Vater hingezogen. Die Mutter schien unnahbar zu sein, sie galt als »tüchtig und herb«. So kritisierte sie manchmal den Vater, dass er viele der ärmsten Patienten unentgeltlich behandelte.

Der Vater hatte bewusst die Erziehung des Kinderpaares ganz der Mutter überlassen. Die Kinder sollten nicht dem Wechselbad zweier Erziehungsprinzipien ausgesetzt sein. Wilhelmine beugte sich je länger, je mehr der harten Schule ihrer Mutter. Erst später erkannte sie auch in der harten Schale den Kern fürsorglicher Liebe.

Das Vertrauensverhältnis zum Bruder Karl wurde immer enger.

Was er las, das verschlang auch Wilhelmine. Was er entdeckte, daran ließ er auch sie Anteil nehmen.

Robuste Gesundheit hatte in der kleinen Familie eigentlich nur die Mutter. Wilhelmine litt lebenslang an Atemnot – als Folge eines nicht recht auskurierten Keuchhustens, den sie als Siebenjährige gehabt hatte. Der Vater starb ganz plötzlich im Sommer 1823. In den vorausgehenden Wintermonaten hatte er sich bei seinen weiten Krankenbesuchen in den verstreuten Schwarzwaldhöfen eine schwere Erkältung geholt, die einfach nicht weichen wollte. Kein Medikament sprach an. Vielmehr war des Vaters Kraft immer schwächer geworden. Er musste sich oft legen. So auch an jenem Junimittag. Als die Familienglieder vom Tisch aufstanden, fanden sie den Vater in aller Stille verstorben.

Besonders für Wilhelmine war es, als ob eine Welt zusammenbrechen würde. Die Mutter bewahrte ihre Entschlossenheit. Sie hatte ein großes Anliegen: »Die Kinder müssen eine rechte Schulbildung bekommen!«, auch wenn das finanziell kaum erschwinglich war. Aber auch da wusste die Tatkräftige Rat. Die vaterlose Familie zog nach Tübingen zu Verwandten. Dort konnte Karl das Gymnasium besuchen, Wilhelmine erhielt Privatunterricht zusammen mit anderen »höheren Töchtern«. Unter ihnen jedoch kam sich Wilhelmine oft wie ein »Aschenbrödel« vor. Was hatten die Mitschülerinnen aus Professoren- und Beamtenhäusern für schöne Kleider! Dafür reichte bei Canzens das Geld nicht. Noch mehr jedoch fiel Wilhelmine im Kreis der Mitschülerinnen auf durch ihren wachen Verstand. Goethe wurde ihr Lieblingsdichter; die Einfachheit, Schönheit und Wahrheit seiner Sprache fesselte sie. Englische, italienische und spanische Klassiker las sie teilweise in deren Muttersprache. Viel Freude hatte sie an der Musik; sie versäumte kaum ein Konzert in der Universitätsstadt.

Karl hatte inzwischen das Theologiestudium begonnen. Für alle Fragen der Theologie interessierte sich auch Wilhelmine. Gerne diskutierte sie mit den Freunden ihres Bruders. Darüber erwuchs eine stille Liebe zum engsten Freund ihres Bruders. Aber dann erfuhr sie: »Der hat doch sein Herz schon vergeben!« Für Wilhelmine war es eine unaussprechliche Enttäuschung. Sie versuchte, den Schmerz allein zu verarbeiten. Vermutlich fasste sie schon damals den Entschluss, ehelos zu bleiben. Später sagte sie: »Die Ehe ist unnötig für solche, die ihren vollgewichtigen Ruf und Beruf im Reich Gottes haben.«

Noch einschneidender war für Wilhelmine, dass ihr harmonisches und harmoniebedürftiges Weltbild zusammenbrach. Sie hatte gemeint, Goethe und Christus passten aufs engste zusammen, Dichtung und Glaube, Philosophie und biblische Wahrheit. Über den Gesprächen mit ihrem Bruder und mit dessen Freunden musste sie erkennen: nichts ist es mit der Harmonie! Die sehen das alles ja als totale Gegensätze an! Die Philosophen und die philosophisch geprägten Theologen sehen den biblischen Gottesglauben als etwas Primitives an! Als ob er nur eine altertümliche Vorstufe wäre für die eigentliche, die philosophische Wahrheit! Wilhelmine erschrak, als sie merkte: Die wollen nicht nur auf den biblischen Glauben verzichten! Nein, sie wollen ihn als etwas Primitives entlarven und zerstören!

Das konnte und das wollte Wilhelmine nicht einfach hinnehmen. Sie beschwor ihren Bruder: »Was bleibt uns denn dann noch? Nichts als ein auf- und niederwogendes Meer von Meinungen, aus dem die Felsen herausgenommen sind, an die man sich halten kann! Im Leben und im Sterben haben wir dann keinen Halt mehr!«

Darum wollte sie dieses frevlerische Denken überwinden. Sie berichtet sogar von einem eigenartigen Erlebnis. Wie von ferne vernahm sie eine Stimme: »Du wirst im Himmel eine große Ehre haben durch die Überwindung dieser Philosophie!« Zwar nahm sie jahrelang diese Stimme nicht ernst. Aber dann hörte sie, dass der Tübinger Professor Friedrich Theodor Vischer in einem Vortrag über den christlichen Gottesglauben gespottet habe. Er habe geredet »von dem Mann, den man Gott nennt!« Damals, im Herbst 1843, fuhr es ihr durchs Herz: »Jetzt musst du's tun!«

Sie schrieb an einem Manuskript eines später dreibändigen Werks. Allerdings erschien es erst zehn Jahre später, dazu ohne Nennung des Namens der Verfasserin. »Eritis sicut deus« (»Ihr werdet sein wie Gott«), das hatte der Verlag des »Rauhen Hauses« drübergesetzt.

In der theologischen Auseinandersetzung wirkte dies Buch, als ob Öl ins Feuer gegossen worden wäre: »Wer verteufelt denn hier die Theologie?«

»Was ist denn das für ein Stil, dass sich jemand anonym zu Wort meldet?« »Was sind denn das für altmodische Vorstellungen?«

Friedrich Theodor Vischer vor allem goss seinen bissigen Hohn über dies dreibändige Werk aus: Es sei »eine Krätze und Schafräude, welche die edelsten Kräfte des Geistes in Eiterung versetze.«

Niemand fand sich, der sich vor die Autorin stellte, deren Name doch nach und nach durchsickerte. Auch die Sprecher des schwäbischen Pietismus gingen gegenüber Wilhelmine Canz auf Distanz. Sie hatten noch genug von einer ähnlichen Auseinandersetzung, die Jahre zuvor das kirchliche Württemberg durchgeschüttelt hatte. Damals hatte der spätere Prälat Sixt Carl Kapff mit einer auch anonym erschienenen Artikelserie sich aggressiv zum Thema »Glaube und Unglaube« geäußert.

Warum nur hatte Wilhelmine Canz nicht von Anfang an ihren Namen genannt? Dafür gab es zwei Gründe: Einmal wusste sich Wilhelmine Canz so als Beauftragte Gottes in dieser Sache, dass sie sich nicht mit den Federn einer »Autorin« schmücken wollte. Zum andern galt damals die Meinung einer Frau – gerade wenn es um theologische Auseinandersetzungen ging – so wenig, dass alle Mühe umsonst gewesen wäre, wenn Wilhelmine sich zur Verfasserschaft bekannt hätte.

Für Wilhelmine hatte sich inzwischen die christliche Kinderpflege als Aufgabe aufgetan. Äußerer Anlass dazu wurden die Revolutionsjahre 1848/49. Wilhelmine erlebte sie in Baden, wo in Bischoffingen am Kaiserstuhl ihr Bruder 1845 Pfarrer geworden war. Auch dort rechneten die Familienväter fest damit, in die Revolutionsheere eingereiht zu werden. Aber was sollte dann aus den Kindern werden, wenn die Frauen alle bäuerliche Arbeit leisten mussten? Auch den Kindern war die Unruhe der Zeit abzuspüren. Da fühlte Wilhelmine sich dazu gerufen, im Pfarrhaus einen Hort der Bergung zu schaffen, mindestens als Tages-Bewahranstalt. Aber womit sollten die Kinder beschäftigt werden? Was war zu tun? Was musste bedacht werden?

In all den Fragen fand Wilhelmine Rat und Ermutigung bei Frau Dr. Jolberg, der Leiterin der badischen Anstalt für Kleinkinderpflegerinnen in Nonnenweier. Es war Frau Dr. Jolberg, der mehr vorschwebte als nur eine Bewahranstalt auf Zeit im kleinen Dorf am Kaiserstuhl. Sie ermutigte Wilhelmine: »Sorge doch dafür, dass in deiner württembergischen Heimat eine Anstalt aufgebaut wird, in der Erzieherinnen für Kleinkinder ausgebildet werden!«

Aber in Württemberg biss Wilhelmine Canz mit dieser Idee wie auf Granit. Besonders enttäuschend war für sie die Abfuhr, die sie bei Prälat Kapff bekam. Zwar war auch er davon überzeugt, dass solch eine Einrichtung in Württemberg gebraucht würde. Aber aus eigener schmerzlicher Erfahrung wusste er, wie geizig bürgerliche Gemeindebehörden sein können. Darum hatte er die Sorge, die ausgebildeten Kinderpflegerinnen müssten »finanziell verkümmern«. Den opferbereiten Spendern aus den pietistischen Kreisen sei aber über die 22 Rettungshäuser hinaus keine weitere Last mehr zuzumuten. Diese Auskunft war eindeutig, aber bitter. Wilhelmine Canz gab alles »Drängen und Bohren« auf. Zurück nach Baden konnte sie zwar nicht mehr; denn dort war der Bruder plötzlich verstorben. Aber sie fand Unterkunft bei Verwandten in Göppingen und vor allem den rechten »Ansprechpartner« in Gott. Ihm sagte sie: »Ich will jetzt gar nichts mehr unternehmen, auch nirgends mehr hingehen, als wohin du, Gott, mich weisest. Dies soll mir ein Zeichen von dir sein, wenn einmal von einer anerkannten Behörde, also von einem Pfarrer oder Schultheißen, aus einem Dorf ein Ruf kommt!«

Dieser Ruf ließ nicht lange auf sich warten. Zugleich im Namen seines Bürgermeisters schrieb ihr Pfarrer Spring aus Großheppach, sie solle doch bitte dort eine Anstalt für Kleinkinderpflegerinnen gründen. Am Abend des Tages, als dieser Brief eintraf, schlug Wilhelmine Canz Losung und Lehrtext im Herrnhuter Losungsbüchlein auf. Betroffen war sie, als sie las: »Des Herrn Rat ist wunderbar, und er führt es herrlich hinaus« – »Sie brachten Kindlein zu Jesus. Und er herzte sie und legte die Hände auf sie und segnete sie.«

Am 17. Oktober 1855 war es endlich so weit: Wilhelmine Canz zog mit ihrer Nichte Amalie Rohde in ein angemietetes kleines Haus in Großheppach im Remstal ein. Amalie sollte die Kinderschule leiten, Wilhelmine wollte sich der Ausbildung der erwarteten Kinderpflegerinnen widmen; denn das Häuslein sollte ein rechtes »Mutter«-

Haus werden, eine »Herberge für eine erweiterte Familie«. Aber auf die erste Lernschwester musste lange gewartet werden.

Anders war es bei den Kindern. Sie strömten in Scharen. Die Eltern waren froh, ihre Kinder gut aufgehoben zu wissen. Aber das war auch alles. Amalie klagte eines Tages: »Die Kinder schicken sie uns; aber niemand kümmert sich darum, wovon wir eigentlich leben sollen!« Darauf sagte Wilhelmine: »Wenn sich auch kein Mensch um uns kümmert, dann nimmt sich doch Gott um uns an!« So nahm sie die Losung dieses Tages ernst, die gelautet hatte: »Israel hat keine Hilfe als an dem Herrn, unserem Gott!«

Wilhelmine Canz hatte sich ein hohes Ziel gesetzt. Sie wollte endlich wegkommen davon, dass bürgerliche Gemeinden Frauen zur Betreuung von Kindern einstellten, die ungenügend dafür ausgebildet waren. Oft waren es einfache Mägde, die zu sonstiger Arbeit nicht mehr brauchbar waren, oder auch »Mägde mit christlichem Sinn, die von ihrer Schulzeit her noch ein paar Liedchen wussten«. Um der Kinder willen durfte das nicht genügen! Wilhelmine sagte:

»Eine Kinderschar ist lebendig und regsam. Ihr muss etwas geboten werden, was sie zusammenhält und beschäftigt. Das muss in rechter Auswahl geschehen, in rechtem Geist und in rechtem Maß. Dann wird der gute Eindruck und der gute Geist unter der Schar der Kleinen Oberhand gewinnen. Was man weitergeben möchte, muss man sich zuvor selbst aneignen!«

Über alle pädagogischen Grundsätze hinaus war es Wilhelmine Canz wichtig, dass die Erziehungsarbeit aus lebendigem Glauben kommt und zu Jesus Christus hinführt. Auf dem verlässlichen Grund Gottes hatte sie selbst Halt gefunden. Auch die Kinderpflege sollte auf diesem Grund stehen. Was sie selbst erfahren hatte, wollte sie weitergeben.

Erfahren hatte sie aber vor allem, dass Gott noch heute zu Menschen klar vernehmbar redet und zwar durch das biblische Wort. Besonders deutlich gemacht hat dies Wilhelmine durch ihr letztes Buch mit dem Titel: »Gibt es einen lebendigen Gott?« In diesem Buch berichtet sie, wie vor allem die Worte des Losungsbüchleins ihr zur ständigen Anrede Gottes wurden. Zwar hatte sie wahrhaft »wunderbar« Rettendes erlebt – mitten in Geldnöten, in Nahrungssorgen, in Bauschwierigkeiten. Aber noch viel unmittelbarer erfuhr sie Gottes Nähe, wenn die Worte der biblischen Propheten und Apostel ihr zum persönlichen Reden Gottes wurden.

Die ständig größer werdende Schar von Kinderschwestern im Mutterhaus sollten nicht zu ihr emporblicken, die man manchmal wie eine »Patriarchin und Prophetin« verehrte; sondern sie sollten mit dem lebendigen Gott rechnen und zu ihm aufsehen.

Bei Wilhelmine Canz war der helle und scharfe Verstand gepaart mit einem kräftigen Willen. Aber die Kinderschwestern sollten viel mehr als eben den Verstand, das Gemüt und das Gewissen pflegen und fördern; es sollte stärker der Gehorsam gegen Gottes gute Ordnung geübt werden, als dass der freie Wille der Kinder gestärkt würde. Das war »Nonnenweierer« Erbe.

Wohl schätzte Mutter Canz vieles von den Methoden und Arbeitsmitteln des Pädagogen Fröbel. Aber sie wusste auch um den »spezifischen Unterschied«: Wo ihm »Verstandeskultur« wichtig war, da ging es ihr um liebevolle Glaubensweckung. Die Kinder sollten für das Reich Gottes erzogen werden. Denn sie konnte nach all ihrer Auseinandersetzung mit der zeitgenössischen Philosophie nicht naiv das »rein Menschliche« gleichsetzen mit dem »Göttlichen«.

Als einer der Großheppacher Schwestern vom Lehrer des Ortes »höchstens zu Ostern und Weihnachten« erlaubt wurde, biblische Geschichten zu erzählen, da schrieb sie ihr: »Die Ostergeschichte würde aber dann ganz schön in der Luft schweben, wenn die Kinder nichts erfahren dürften vom Leben des Heilandes, das zwischen Weihnachten und Ostern liegt! Wir sind doch in erster Linie dem Herrn Jesus verantwortlich und nicht dem Herrn Lehrer! Was wir von Jesus wissen, sollen wir kindlich und einfach geben, aber treu und wahr. Die Kinder müssen einen Herzenseindruck von ihm bekommen, so wie ich selbst einen von IHM haben muss.«

Manchen bürgerlichen Gemeinden war dies zu fromm. Sie hielten es mit Fröbel und mit der liberalen Pädagogik, die damals schon als modern galt: »Es ist doch nicht kindgemäß, wenn man den Kindern zu viel von Gott zumutet!« Mutter Canz schrieb darauf: »Jenes

Mähelied (zur Handbewegung des Mähens) ist lächerlich! Mit ihm soll das Kind danken lernen dem Grashalm, der wächst; dem Knecht, der es mäht; der Magd, die die Kuh füttert und melkt; der Kuh, die Milch gibt; der Mama, die dem Kind die Milch gibt ... ›auf dass kein Dank vergessen sei‹, wie es in dem Liedchen heißt. Nur der eine ist vergessen, ER, der das Gras wachsen lässt und alle guten Gaben gibt!«

Im Fröbel-Komitee wurde man langsam unruhig über den Widerstand in Großheppach. Man versuchte sich mit Mutter Canz zu arrangieren. Der Komitee-Vorsitzende schrieb wohlwollend an sie, man hätte ja doch ganz gewiss nichts dagegen, wenn eine dafür begabte Kindergärtnerin den Kindern »auch etwas mehr von Gott« sagen würde, als es Fröbel für gut hielte. Aber Mutter Canz ließ sich auf den Vermittlungsvorschlag nicht ein. »Ich will keine Schmuggelwirtschaft! Ich muss die Freiheit behalten, das als Hauptsache zu betreiben, was uns Hauptsache ist!«

Das prägte dann auch den Großheppacher Unterrichtsplan. Großer Wert wurde gelegt auf das Kennenlernen und Nacherzählen biblischer Berichte, auf Singen und Missionsnachrichten, auf das Vertrautwerden mit christlichen Lebensbildern. Aber auch auf weibliche Arbeiten, auf Erziehungslehre, ja sogar auf »Zeichnen und Durchstupfen nach Fröbel«.

Die Nachfrage nach Großheppacher Kinderschwestern nahm zu. Das kleine Werk wuchs. Es sprach sich herum, wie qualifiziert dort die Ausbildung ist und dass man dort im Glauben wachsen kann. Ausserdem gab es ja damals kaum Frauenberufe. Hier aber gab es einen Beruf mit einer Ausbildung, die sich sehen lassen konnte. 1863 waren 25 Schwestern an der Arbeit. 1876 waren es bereits 99 Kinderschwestern. Im Todesjahr von Mutter Canz (1901) zählten sich 349 Mitglieder zur Großheppacher Schwesternschaft. Wo zuvor bürgerliche und auch kirchliche Gremien zurückhaltend und bedenklich gewesen waren, fand sich jetzt Anerkennung. Sogar Prälat Kapff und die württembergische Zentralleitung für Wohltätigkeit sorgten für Spenden, nachdem Königin Olga persönlich und auch im Auftrag ihrer heimatlichen russischen Zarenfamilie Hilfen nach Großheppach gegeben hatte.

Wilhelmine Canz trug die sogenannte »Mutter-Kleidung«, der Schwesternschaft angepasst. Sie fügte sich nach und nach sogar der Unterordnung unter ein Komitee, was ihrer selbständigen Natur sehr schwer fiel. Überhaupt tat sie lebenslang schwer damit, sich in einen festgefügten Rahmen einzupassen. Wenn sie gerade an einer Beschäftigung war, konnte sie sich davon schwer losreißen. Sogar bei den Mittagsandachten brachte sie es kaum fertig, rechtzeitig zum »Amen« zu kommen. Ihr übervolles Herz konnte einfach kein Ende finden. Oft machte die Küchenschwester an der Saaltüre verzweifelte Zeichen »Das Mahl steht längst bereit!« Da sagte dann Mutter Canz: »Gleich höre ich auf!« Oft vergaß sie das im Eifer ihrer Ansprache, bis man schließlich den Mut fasste, sie nochmals daran zu erinnern, dass sie jetzt Schluss machen müsse.

Vierzig Jahre lang konnte Wilhelmine Canz dem Mutterhaus vorstehen. 81-jährig war sie schließlich bereit, die Leitung einer Nachfolgerin zu übergeben und sich weitmöglichst von der Verantwortung zurückzuziehen. Aber »ihre« Schwestern blieben ihr wichtig. Vom benachbarten Theresienheim aus nahm sie lebhaften Anteil am Ergehen im Mutterhaus.

Fünf Jahre waren ihr noch vergönnt, mehr Leidens- als Lebensjahre. Eine Augenkrankheit machte eine schwere Operation nötig. Danach stellte sich heraus, dass Gesichtskrebs die eigentliche Not war. Trotzdem arbeitete sie an einem Buch, das allerdings erst nach ihrem Tod erscheinen konnte. »Gott mit uns«, das war der Titel einer Auslegung des biblischen Hohen-Liedes. Ihre Liebe war, wie es dort heißt, »stark wie der Tod; ihre Glut ist wie eine Flamme des Herrn« – die Liebe zu Gott, zu der Schwesternschaft und zu den ihr anvertrauten Kindern.

Das schwere Krebsleiden machte Kontakte zu anderen Menschen – über den engsten Kreis der Betreuenden hinaus – unmöglich. Kurz vor dem Sterben waren Wilhelmine Canz kleine Schlucke Wasser die einzige Erquickung. Noch mehr verlangte sie nach dem »Lebenswasser der Ewigkeit«, mit dem sie nun bald ihren brennenden Durst stillen wolle. Am 15. Januar 1901 ist sie dann gestorben.

Auf dem Grabstein ist die Inschrift zu lesen: »Gott allein die Ehre!« In der Schule dieses lebendigen Gottes wollte sie leben und lebenslang bleiben. Denn nur solch ein Mensch kann wahrhaft erziehen, dem es die Kinder abspüren, dass er selbst sich täglich von Gott erziehen lässt. »Man muss selbst gehalten sein oder sich selbst an etwas halten können, wenn man nicht haltlos dastehen will« (Wilhelmine Canz).

Doris Blumhardt, geb. Köllner

DORIS BLUMHARDT, GEB. KÖLLNER

geboren 31. Juli 1816 in Segnitz/Main
gestorben 6. Juli 1886 in Bad Boll

»Ja, Jesus siegt! Wir glauben es gewiss und glaubend kämpfen wir! Wie du uns führst durch alle Finsternis, wir folgen, Jesus, dir!« Dies Lebensmotto hatte Johann Christoph Blumhardt (1805 - 1880), der Seelsorger von Möttlingen und Bad Boll. Aber es war auch das Leitmotiv seiner Ehefrau Doris.

Dass Jesus führt, auch wenn es durch Dunkel und durch Ungewissheit geht, das hatte sie schon als junges Mädchen hautnah erlebt. Ihr Vater Karl Köllner (1790 - 1853) hatte geradezu heilig entschlossen seinen Weinhandel aufgegeben. Er wollte stattdessen mit ganzer Kraft Jesus dienen. Mit allen Fasern des Herzens zog es ihn von Segnitz am Main, wo Doris geboren war, in den Raum Basel. Denn dort war mitten im Durcheinander und in der Not der Zeit nach Napoleon ein helles Leuchtfeuer Jesu entzündet worden. Wache Christen sammelten sich dienstbereit in den neu entstandenen Anstalten der Weltmission, der Diakonie, der Pädagogik und der Bibelverbreitung. In Sitzenkirch, in einem lieblichen Schwarzwaldtal unweit von Basel gelegen, kaufte sich Vater Köllner ein Bauerngut. Es sollte im Geist der Basler Erweckung eine Zuflucht werden für verarmte und verwahrloste Kinder. Besonders sollten Kinder aus verarmten Judenfamilien eine Heimstatt finden, von denen es gerade im Grenzgebiet Südwestdeutschland, Schweiz und Elsass viele gab. Gerade an den »Blutsverwandten« Jesu wollte die von Basel ausgehende Erweckungsbewegung ihre Verantwortung wahrnehmen.

Es fanden sich auch rasch einige jüdische Kinder, deren Eltern dankbar waren dafür, dass ihre Kinder zusammen mit den drei Töchtern und dem Sohn der Köllners eine richtige Heimat hatten.

Aber schon bald gab es Widerstand. Es waren besonders Juden aus dem Elsass, die Misstrauen aussäten gegen die kleine »Judenanstalt«. Sie hatten Angst, die Kinder würden ihrem jüdischen Glauben entfremdet. So wurde bald Kind um Kind wieder abgeholt. Die Eltern Köllner füllten die leer gewordenen Plätze mit heimatlosen Kindern aus christlichen Elternhäusern. Mit Hingabe und Opferbereitschaft stellte sich die ganze Familie der neuen Aufgabe, die überaus schwierig war. Noch heute erinnert die Karl-Köllner-Schule in Sitzenkirch (heute Außenstelle des Black-Forest-College) an die ihrer Zeit weit vorauseilenden pädagogischen Konzeptionen der Köllners. Aber damals müssen sie wie ein Schlag ins Wasser gewesen sein. Für die Familie Köllner schien die Zukunft im Dunkeln zu liegen. Aber Karl Köllner ließ keinen Missmut aufkommen. Er rechnete fest damit, dass Jesus seine Leute auch durch Dunkelheit hindurch den rechten Weg führt. Diese Hoffnung trog nicht.

Ein paar Jahre später hatten die Eltern Köllner ihren Platz und ihre Lebensaufgabe in der Brüdergemeinde Korntal bei Stuttgart gefunden: in der Kinder- und Jugendarbeit, im Rechnungswesen und in der Verwaltung, in der Pflege der pietistischen Gemeinschaften und vor allem in der Gesamtverantwortung für das zentral gelegene Gemeindegasthaus. Bis heute erinnert am Rande der Markung Korntal der »Köllner-Stein« an diesen Mitarbeiter Gottes, der 1853 an dieser Stelle plötzlich verstorben war.

Doch wie war es denn dazu gekommen, dass die Mainfranken nach dem Zwischenaufenthalt am Rand des südlichen Schwarzwaldes nun plötzlich nach Korntal geführt wurden? Dazu hatte Gott die drei lieblichen Köllner-Töchter benützt.

Johann Christoph Blumhardt war der erste, bei dem der Funke übersprang. Der junge württembergische Theologe unterrichtete damals als Lehrer am Missionshaus in Basel, nebenbei auch als Religionslehrer an der Basler Mädchenschule. Schon dabei war ihm Doris Köllner aufgefallen, weil sie so besonders bewandert in Bibelkunde war. Aber mehr war damals nicht im Spiel. Anders war es einige Zeit später. Blumhardt zog mit einer Schülergruppe durch das badische Land, um seltene Mineralien aufzuspüren. In Sitzenkirch wurden die Müden gastlich im Haus Köllner aufgenommen. Blumhardt war so hingerissen vom Anblick der lieblichen Doris, dass er umgehend um sie warb. Weil die zusagende Antwort nicht postwendend eintraf, war der sonst so ruhig wirkende Vikar am Rand der Verzweiflung. Ein Leben ohne Doris konnte er sich nicht vorstellen. Welche Freude, als endlich das »Ja« im Basler Missionshaus eintraf!

Mit einem Mal wurden die Köllner-Töchter so etwas wie ein Geheimtip unter den jungen Leuten der Missionars-»Schmiede«. Die Doris besonders nahestehende Schwester Lotte verlobte sich mit Missionar Häberlin. Zum etwas schüchterneren Missionslehrer Heinrich Staudt (1808 - 1884) wurde gesagt: »Es ist bei Köllners noch eine Tochter da – und die ist für Sie!« Als dann Staudt 1843 Pfarrer der Brüdergemeinde Korntal wurde, wurde diese Luise seine Frau, und die Eltern Köllner fanden zusammen mit dem jungen Ehepaar ihre Lebensaufgabe in diesem Zentrum des schwäbischen Pietismus.

Nicht ganz so glatt ging es mit Doris und Johann Christoph. Für sie ging es durch mehr Finsternis, als sie geahnt hatten. Nicht weil sie unterschiedliche Temperamente hatten. Darin waren sie einander eine Ergänzung. Doris war die musisch gebildete, feinsinnige, dem Idealen hingewandte junge Frau. Johann Christoph war anders. Zwar stimmte es nicht, wenn man ihn im Missionshaus den »schwarzen Blumhardt« nannte; das betraf höchstens seine würdige dunkle Kleidung. Er war ein naturwüchsiges Original, das sich nicht gerne den üblichen Umgangsformen der Gesellschaft beugte. Er war stockschwäbisch, zu wenig distanziert, aber immer war er voller Humor.

Schwierig war es jedoch für die beiden, dass sie so lange warten mussten, bis sich endlich eine Pfarrstelle für sie auftat. Zwei Jahre lang bewarb sich Blumhardt fast auf jede freiwerdende Stelle der württembergischen Kirche. Ach, so oft ergebnislos! Der Bräutigam hatte mit seiner Doris abgemacht: »Wenn ich einmal einen Brief mit ›Dorothee‹ adressiere, dann sagt dir schon der Umschlag, dass es mit einer Stelle geklappt hat!« Aber Monat um Monat waren die Briefe an »Doris« adressiert.

Die Briefe des Vikars, der damals als Pfarrgehilfe in Iptingen wirkte, waren voller Ermutigung für die kommende Pfarrfrau. Da hieß es etwa: »Du hast eben viel mehr Takt als ich! Eigentlich solltest du Pfarrer werden!« Oder: »Ich erwarte doch nicht eine brave, gut-

73

mütige Frau, sondern eine, die mit rechtem Eifer für die Sache Gottes brennt!«

Blumhardt hatte es in dem kleinen Iptingen nicht einfach. Das Dorf war berüchtigt dafür, dass es in ihm nicht wenige kirchenkritische Separatisten gab. Aber Blumhardt gewann sogar unter ihnen Vertrauen. Einige von ihnen konnte er sogar wieder in die sonntäglichen Gottesdienste hereinlieben.

Die Iptinger schätzten es besonders an Blumhardt, dass er viele Hausbesuche machte, besonders bei Kranken. Dabei war ihm wichtig – so teilte er es seiner Braut mit: »Nicht immer hochgeistlich dastehen! Immer zutraulich sein! Nach Familienverhältnissen fragen, erzählen lassen, Berufsdinge besprechen! Auch wenn's nicht immer recht aufs Geistliche kommt, lässt man doch einen Segen zurück!«

Die Iptinger sagten: »So, wie er jetzt ist, wär' er schon recht! Aber ob er noch derselbe bleibt, wenn er einmal verheiratet ist?« Sie hatten die Sorge, er könnte als Verheirateter in einen Pfarrerschlendrian verfallen. Sie konnten ja nicht ahnen, dass Doris ebenso wie ihr Bräutigam für die Sache Jesu brannte. Ein Zeitgenosse schrieb von den beiden: »Sie sind beide gleich unbefangen vor Gott und den Menschen, warm in der Liebe, willig in ihrem Einsatz für Jesus, fröhlich und großartig im Hoffen!« Später sagte ihr Sohn Christoph Blumhardt: »Sie waren nicht zwei Leben, sondern eines!«

Endlich war es im September 1838 so weit! Johann Christoph Blumhardt war zum Pfarrer von Möttlingen bei Calw ernannt. So konnte die Trauung stattfinden. Bald wurde Doris eine in den Häusern gern gesehene Gemeindemutter; vielen Gemeindegliedern wurde sie zur Freundin. Für die Möttlinger war eine Pfarrfrau eine fast neue Erfahrung; denn der Vorgänger Dr. Christian Gottlob Barth war ein überzeugter Junggeselle gewesen. Doris aber wirkte in die Gemeinde hinein und öffnete ihr Pfarrhaus für viele Besucher. In Seuchenzeiten richtete sie im Pfarrhaus eine Suppenküche ein.

Fürbittend stand Doris Blumhardt hinter ihrem Mann, als er in den Kampf mit dämonischen Mächten hineingezogen wurde. Blumhardt wusste, was er an seiner Frau hatte. Beide aber begriffen miteinander immer mehr, was sie am lebendigen Jesus hatten, dem »Stärkeren«!

Darum war es ihnen nicht recht, dass später so viel Wesens gemacht wurde um Dämonenaustreibung und um Krankenheilungen. Vielmehr war ihnen »das Entscheidende« an dem, was in der bis dahin »totgepredigten« Gemeinde geschah, dass Möttlingen von einer Bußbewegung erfasst wurde. Zwar brachte das viel Unruhe auch ins Pfarrhaus. Aber Doris Blumhardt schrieb in jenen Tagen: »Mir ist ganz festlich zumute. Besonders freut es mich, dass in der ganzen Bewegung alles so nüchtern, so solid und reell geblieben ist!« Wenn die Gemeindeglieder kamen, um dem Pfarrer ihre Sünden zu bekennen, sass oft Tag um Tag die Wohnstube des Pfarrhauses voll mit Seelsorgesuchenden. Stundenlang warteten sie, bis sie an die Reihe kommen konnten.

Aber das alles war erst der Anfang großer Aufgaben für die junge Pfarrfrau. Bedauernd nahm sie mit ihrem Mann wahr, dass sich in die Bußbewegung auch bald wieder Routine und Müdigkeit einschlichen. Von außerhalb war der Zulauf von Menschen nach Möttlingen geradezu erschreckend, besonders zu den Sonntagsgottesdiensten. Schon samstags kamen von entfernteren Orten ganze Scharen von Menschen angepilgert; sie wurden in Möttlinger Häusern einquartiert. Manche blieben im Sommer über Nacht im Wald. Aber schon am Sonntagmorgen setzte der Ansturm auf das Pfarrhaus ein. Geschätzt war das Kaffeetrinken, zu dem Doris Blumhardt prächtig mundende Kuchen anbot. Es kam sogar vor, dass zum Abendessen noch siebzig Gäste blieben.

Aber es kamen auch Menschen zu längerem Aufenthalt. Geisteskranke, Epileptische, Verkrüppelte suchten Heilung oder mindestens Trost. Sie kamen aus aller Herren Länder. Manchmal war das Möttlinger Pfarrhaus bis unter das Dach belegt mit Ruhestätten für die Langzeitbesucher. Sogar auf dem Dachboden waren sie aufgeschlagen, wo sonst die »große Wäsche« in der Winterzeit zum Trocknen aufgehängt werden sollte. Aber Doris Blumhardt sagte: »Der Heiland schickt allemal gut Wetter; er weiß ja, dass wir's anders nicht machen können!«

In all diesen Unruhejahren schenkte Doris Blumhardt sieben Kindern das Leben, von denen allerdings zwei früh starben. Jede dieser Entbindungen war für die Mutter sehr schwer, so dass sie noch lange danach schwach und oft auch krank blieb.

Vielleicht war es die größte »Leistung« der Möttlinger Pfarrfrau, dass sie die wundersam von Dämonen befreite Gottliebin Dittus zu ihrer engvertrauten Freundin machte. So konnte nur ganz selten ein ungutes, bösartiges Gerede aufkommen über das vertraute Verhältnis zwischen Gottliebin Dittus und Johann Christoph Blumhardt. Doris Blumhardt überließ der geheilten Frau, die ab 1846 ganz Glied

Doris Blumhardt, Gottliebin Dittus und Pfarrer Christoph Blumhardt im Garten des Kurhauses Bad Boll

der Pfarrfamilie geworden war, vieles im Hauswesen und bei der Kindererziehung. Für Blumhardt selbst war Gottliebin Dittus die »Mitkämpferin«, die lebenslang einen ganz großen Einfluss auf ihn ausübte. Er sah sie schon in Möttlingen, erst recht dann in Bad Boll, als »die Seele des Ganzen« an, auch nachdem sie sich 1852 mit Theodor Brodersen verheiratet hatte.

Manchen war die in Körperbau und in den Gesichtszügen »grobkörnige«, alles andere als anmutige Gottliebin mit ihrem rauhen Wesen ein Rätsel, ja ein Grund zu Befremden. Aber Doris Blumhardt tat alles gemeinsam mit ihr. Ohne Besprechung mit der Gottliebin und ohne Weisung von ihr wagte auch Frau Blumhardt nichts vorzunehmen. Denn in allem, was Gottliebin oft rätselhaft anordnete, lag »etwas wie von Gott selbst Empfohlenes«. Meist stellte es sich im Rückblick als das Richtige heraus.

So war es auch 1852 beim Wechsel von Möttlingen nach Bad Boll. In Möttlingen war der Zudrang von Trost- und Heilungssuchenden zu groß geworden. Das 1823 von der württembergischen Regierung gebaute Schwefelbad Bad Boll stand zum Kauf an. Es hätte mit dem ausgedehnten Bau und mit dem weiten Park für Blumhardt die Möglichkeit geboten, sich ohne die Last des Pfarramtes ganz der Seelsorge zu widmen; denn schon Jahre zuvor hatte das Konsistorium hart geboten: Blumhardt soll seine Seelsorge einschränken! Er soll sie nicht ausüben an Menschen, die nicht zu seiner Gemeinde gehören! Er soll auch nicht Seelsorge »hinüberziehen« auf Gebiete von Leiden, für die der Arzt zuständig ist!

Aber woher sollte Blumhardt das Geld für Bad Boll nehmen? Blumhardt schreckte vor dem Kauf zurück. Er ließ jedoch die beiden Frauen die letzte Entscheidung treffen. Er sagte: »Ich lege es in Gottes Willen. Wenn meine Frau und Gottliebin Mut bekommen, will ich's als Gottes Willen ansehen und Schritte tun, Bad Boll zu erwerben.« Die Frauen musterten dort alles genau. Beglückt waren sie, dass die ganze Einrichtung samt Betten übernommen werden konnte; auch schien der große Tanzsaal in der Mitte des stattlichen Baues geradezu ideal für einen Kirchsaal. »Gelt, das lassen wir net naus«, so sagten die beiden Frauen einander.

Aber gerade die drückende Schuldenlast wurde dann nach dem Umzug in das neue Zentrum für die Seele von Doris Blumhardt fast zu viel. Ein Freund fand sie in einem der weiten Gänge vor einem Weißzeugkasten stehend, »in einem Tränenstrom sich krümmend wie ein Wurm; die Steinplatten wurden nass von Tränen, als sie schließlich die Worte herausbrachte: ›Ich kann nichts als schreien, der Heiland solle doch unsere Not ansehen und nicht mit uns handeln, wie wir's eigentlich verdienen!‹« Dazu kam das Leid, dass das so überaus geliebte jüngste Töchterlein im Alter von zwei Jahren starb.

Bei der »Marschallin« Gottliebin war trotzdem alles auf den zuversichtlichen Ton gestimmt: »Ja, Jesus siegt! Wir glauben es gewiss, und glaubend kämpfen wir.« Bei Doris Blumhardt ging es mehr nach der Leitmelodie: »Wie du uns führst durch alle Finsternis, wir folgen, Jesus, dir!« Aber mit beidem ergänzten sie einander, so wie sie sich auch – fast geheimnisvoll – regelmäßig ablösten im Kranksein und Gesundsein. So konnte, wenn die Kraft der einen versagte, die andere dafür um so mehr eintreten.

Rasch mehrte sich die Zahl der Gäste. Nicht alle waren gerne gesehen. Besonders wenn allein die Linderung körperlicher Not gefragt war, nicht aber die Seelsorge. Das Gerede machte Bad Boll bald europaweit zu einer Wunderheilanstalt. Das löste neue Schwierigkeiten aus bei Neidern und auch bei Menschen, die sich zu viel von der »geheimnisvollen Kraft« Blumhardts versprachen.

Es sollte doch vor allem um »Gottes Reich« in Bad Boll gehen. Eine Besucherin berichtete: »Alles scheint einen Konventikelanstrich zu haben. Aber in alle dem, wie es Blumhardt treibt, ist keine Spur von Ungesundem. Ein frischer, fröhlicher Geist weht in diesem Hause. Man bekommt einen lebhaften Eindruck von dem Frieden, der höher ist als alles, was wir verstehen. Dieser Geist durchzieht gleichmäßig das Äußerliche und das Innerliche, es geht durch das Kleinste und das Größte. Die Atmosphäre wirkt auf die Seele, so wie freie Bergesluft auf den Leib wirkt. Dieses Band des Friedens umschließt auf wunderbare Weise die ganze große Hausgenossenschaft; sie macht eine wirkliche Familie aus diesem wunderlichen Konglomerat von verschiedenartigsten Menschen.«

In diese große Hausfamilie hat Doris Blumhardt bewusst ihr eigenes Familienleben hineingeopfert. In ihr, die zugleich Maria-Art und Martha-Praxis vereinigte, konnte man »mit Bewunderung sehen, was Edles und Großes es um einen Menschen ist, dessen Herz durch die Gnade fest geworden ist«.

Doris Blumhardt, schon als junges Mädchen in Sitzenkirch im Unterrichten junger Menschen geübt, beteiligte sich an der Erziehung ihrer Kinder. Sie sollten so lange wie nur möglich im Geist des Hauses bleiben können und doch auch den Anschluss an das Stuttgarter Gymnasium finden.

56 Jahre alt war Doris Blumhardt, als Gottliebin Brodersen, geb. Dittus nach schwerer Krankheit starb. Nun lag die ganze Last des riesigen Hauswesens auf der »Frau Pfarrer«. Aber es war, als ob ihr neue

Kräfte zugewachsen wären. Sie, die zuvor als zarte Frau so oft schwerkrank gewesen war, konnte ohne Behinderung »mit stiller Majestät« dem großen Betrieb vorstehen. Sie wirkte überhaupt nicht als alternde und ruhebedürftige Frau, sondern vielmehr immer jugendlich frisch. Neben dem großen Hauswesen war ihr die Armenpflege wichtig, die sie schon in Möttlingen begonnen hatte. Jeweils an Weihnachten waren es über hundert Familien, die sie regelmäßig bedachte.

Es war schön, dass die Kinder- und Enkelfamilien fast immer um sie waren. Die Söhne Christoph und Theophil standen als Theologen dem Vater in seiner Arbeit bei. Karl, der älteste Sohn, wirkte zwar als Fabrikant am Rhein, lebte aber einen großen Teil des Jahres über mit seiner Familie in Bad Boll. Nathanael, der jüngste Sohn, bewirtschaftete von dem Hofe aus, der zum Bad gehörte, die Güter um Bad Boll. Auch die Tochter Marie, mit Emil Brodersen verheiratet, wohnte mit ihrer Familie ganz in der großen »Heim«-Gemeinschaft.

Nach Johann Christoph Blumhardts Tod am 25. Februar 1880 erkrankte Doris Blumhardt zweimal schwer. Es schien, als ob ihr mit dem Hergebenmüssen des Ehemanns alle Kraft genommen worden wäre. Aber einst hatte der Bräutigam nach Sitzenkirch geschrieben: »O herzgute Doris, wir sind gesegnet und werden gesegnet bleiben! ... Mögen die vielfältigen Stürme, Kämpfe, Beängstigungen abwechselnd mit den Hoffnungen der Liebe und Freude mit fester Seele von dir getragen werden!« Diesen bleibenden Segen erfuhr Doris Blumhardt gerade als Witwe. Ein Zeitzeuge berichtet: »Munter und beweglich, aber innerlich vertieft, himmlische Würde auf ihrem Angesicht, waltete sie in ihrem Reich.«

Auf Stimmen der Unzufriedenheit reagierte sie meist mit dem Satz: »Sucht doch die Fehler zuerst bei euch selbst!« So hatte sie es zeitlebens gehalten.

Zu einem besonderen Fest wurde die Orgelweihe in Möttlingen. Mit sechzig Gliedern ihres Hauses nahm sie als ehemalige Pfarrfrau die Einladung gerne an. Wie eine Königin schritt »die Greisin« durch die Straßen von Möttlingen, von Haus zu Haus die Alten grüßend, die mit ihr zusammen die Erweckung des Ortes erlebt hatten.

Im Frühjahr 1886 stellte sich bei Doris Blumhardt ein überaus schmerzhaftes Kopfleiden ein. Sie erkannte es als Todesboten. Noch am Abend ihres Sterbens hörte sie verlangend der Abendandacht ihres Sohnes zu, die er im Speisesaal nebenan hielt. Bis in ihr Sterben hinein galt auch für sie das, was ihr Mann nach den Erfahrungen von Möttlingen niedergeschrieben und oft unter sein Foto gesetzt hatte: »Was wir an Jesus haben, weiß ich jetzt erst recht!« Erst jetzt, nach dem ganzen Sieg Jesu über alle Finsternis!

Pauline Kullen

PAULINE MARIE KULLEN, GEB. HERRMANN

geboren 11. November 1841 in Münsingen
gestorben 3. Juni 1921 in Hülben

Die Hülbener! Sie sind eben etwas ganz Besonderes. Der schwäbische Schriftsteller Hans Reyhing hat es darauf zurückgeführt, dass sie von einem so weiten Spannungsbogen geprägt sind wie wohl sonst kein anderes Dorf auf der Schwäbischen Alb. Einst war Hülben eines der ärmsten Dörfer. Heute ist es ein Gemeinwesen zum Vorzeigen. Noch vor wenigen Generationen war es sowohl Hochburg radikaler linker Parteien als auch Zentrum des Pietismus. Die Hülbener sind geprägt von Lebensbehauptung und von Optimismus; wie können sie singen! Aber aus dem »Alten Schulhaus«, dem »Stunden«-Haus strömte in dies so geprägte Volksleben noch einmal ein ganz anderer Lebensstrom ein. »Ein Strom von Liebe und Güte, der von göttlichen Quellen gespeist war«, so hat es Hans Reyhing formuliert. Es war ein lebensbejahender, ein fröhlicher Pietismus, alles andere als eine verklemmte und gesetzliche, unnatürliche Frömmigkeit.

Aber auch im Hülbener Schulhaus war das Leben geprägt von einem weiten Spannungsbogen. Anschaulich wurde er etwa an dem Lehrersehepaar Johannes Kullen (1827 - 1905) und Pauline, geborene Herrmann. Über des Ehemannes Wesen lag etwas Sonniges, »wie die Sonne aufgeht in ihrer Macht«. So sagt es die Bibel denen zu, die »Gott liebhaben«. Wie dem Fisch im Wasser als in seinem Element wohl ist, so war es Johannes Kullen wohl in der Gnade des Jesus. Sie war sein Lebenselement. Bei Pauline Kullen ging es mehr nach dem Motto: »Kinder, sterben ist nicht schwer, aber leben!« Sie wollte ganz in der Verantwortung vor Gott leben, arbeitsam bis zum Letzten, für die Nöte der Nächsten offen, nie an sich selbst denkend. Nicht jubilierende Glaubensfreude war es, die ihr Leben prägte, sondern vielmehr das Bemühen, dem Herrn Jesus treu zu sein und zu bleiben in allen Bereichen des Lebens.

Aber beide, Johannes und Pauline Kullen, wussten sich gemeinsam hineingestellt in einen noch einmal ganz anderen Spannungsbogen. Von ihm redet das geistliche Lied, das sie beide zusammen mit ihren fünf Töchtern und drei Söhnen so gerne im Hülbener Schul-

Familie Schulmeister Johannes Kullen (1827-1905) Hülben
untere Reihe (v.l.n.r.): Elise, Pauline, Agnes, Paul,
Mutter Pauline Kullen-Herrmann, Mina, Johannes Kullen
hintere Reihe: Albrecht, Johanna, Hermann

haus oder bei Sonntagsspaziergängen auf den Seizenfelsen sangen. Es war das Lied voll Sehnsucht nach der vollkommenen, erst noch kommenden Welt Gottes:

»Licht nach dem Dunkel,
Friede nach Streit,
Jubel nach Tränen,
Wonne nach Leid;
Sonne nach Regen,
Lust nach der Last,
Nach der Ermüdung
Selige Rast.

Freude nach Trauer,
Heilung nach Schmerz;
Nach dem Verluste
Tröstung ins Herz.
Kraft nach der Schwachheit,
Ruhm nach der Schmach.
Sturm muss sich legen,
Stille danach.

Ruhe nach Mühe,
Ehre nach Hohn;
Nach den Beschwerden
Herrlicher Lohn.
Labsal nach Trübsal,
Krone nach Kreuz,
Süßes nach Bitt'rem:
O, wie erfreut's!

Reichtum nach Armut,
Freiheit nach Qual.
Nach der Verbannung
Heimat einmal.
Leben nach Sterben.
Völliges Heil
ist der Erlösten
herrliches Teil!«

Pauline Herrmann wurde 1841 hineingeboren in die Tradition angesehener Münsinger Familien. Noch heute gehört das Hotel »Herrmann« zu den ersten Häusern am Platz. Die Mutter, Elisabeth Barbara, war Tochter des Rössleswirtes Christoph Krehl.

Der Vater August Friedrich Herrmann (1808 - 1893) hatte neben eigener Landwirtschaft und der Gastwirtschaft das Amt des Oberamtstierarztes. Oft war er stundenlang auf dem Pferderücken unterwegs, um die großen Schafherden des Oberamtes auf ihre Gesundheit hin zu prüfen. Vater und Mutter Herrmann waren überaus gastliche und noble Menschen. Ein weitläufiger Verwandter war bei ihnen nach langer Fußtour müde und mit durchgelaufenen Stiefelsohlen angekommen. Nach einem erquickenden Abendessen fand er ein geradezu fürstliches Gastzimmer vor – und am Morgen seine Stiefel neu besohlt vor der Tür.

Dabei hatten die Eltern Herrmann viel Schweres durchgemacht. Von den ihnen geborenen 16 Kindern blieben nur vier am Leben; damals war mitten in Württemberg die Säuglingssterblichkeit ebenso grausam »normal« wie heute irgendwo im Hinterland Somalias.

Aber auch der Lebensruf Gottes war an die Eltern Herrmann ergangen. 1843 kam Sixt Carl Kapff von seinem bisherigen Pfarrdienst in der freien Brüdergemeinde Korntal auf die neugegründete Dekanatsstelle Münsingen. Er fing sofort mit einer »Stunde« für Männer im Dekanatsgebäude an. Die große Kirche wurde über seiner Verkündigung so voll, dass eine Empore eingezogen werden musste. Er führte Missionsstunden ein, die so gut besucht waren, dass sie in der Kirche abgehalten werden mussten. Sixt Carl Kapff gründete zur Unterstützung der Basler Mission einen Halbbatzenkollekteverein, dazu auch einen Jünglingsverein und eine Volksbibliothek. Zu seinem Dekanatssprengel gehörte auch die Pfarrei Pflummern mit dem Filialort Heiligkreuztal, einem ehemaligen Zisterzienserkloster. Das öffnete Kapff den Blick für die Not der geistlichen Unterversorgung der vielen Evangelischen, die in das katholisch geprägte »neu-württembergische« Oberland bis hin zum Bodensee eingewandert waren. So wurde Kapff, der nicht auf Initiativen des Konsistoriums warten konnte und wollte, zu einem der Initiatoren des württembergischen

Gustav-Adolf-Werkes, das dann die ersten evangelischen Kirchenge-
bäude und Konfirmandenhäuser im Oberland baute und die Finan-
zierung der ersten Pfarr- und Vikarsgehälter in der Diaspora übernahm.

Von diesem impulsiven geistlichen Leben wurden auch die Eltern
Herrmann ergriffen. Die Gottesdienste, die Stunden und auch die
Missionssache wurden ihnen unverzichtbar.

Pauline hatte schon in jungen Jahren das Amt übernommen,
die Halbbatzenkollekte in vielen Häusern einzusammeln. Das geschah jedoch schon in einer Zeit, da Kapff Dekan in Herrenberg
(1847 - 1850) und Prälat von Reutlingen mit Sitz in Stuttgart (1850) geworden war. Gerade weil Kapff immer wieder um den »geradezu
irrationalen Hass« auf die Pietisten wusste, bedeutete es eine Auf-
wertung und eine kirchliche Anerkennung der schwäbischen »Stun-
denleute«, dass sich ein Mitglied der Kirchenleitung bewusst vor sie
stellte.

Trotzdem war es ein Bekenntnis, dass sich die Gastwirtseheleute
Herrmann zu den Stundenleuten hielten. Mutter Herrmann hatte
sich nach einer schweren Erkrankung mitten im Winter der pietistischen Gemeinschaft angeschlossen. Da konnte sie im Schutz
der Dunkelheit dorthin gehen. Als jedoch das Frühjahr kam und
die Tage länger wurden, wollte es sie zuerst »genieren«, dass sie sich
offenkundig zur Stunde hielt. Aber dann war doch das Verlangen
nach geistlichem Wachstum so groß, dass sie alle Bedenken über-
wand. Bis in ihr hohes Alter kämpften sich die Eheleute bei Sturm
und Wetter, wie es nur die Rauhe Alb kennt, bis ins Stundenhaus
durch.

Mutter Herrmann wollte sich auch in ihrem Beruf als Gastwirtin
bewähren. Es war ihr eine Ehrensache, die Gäste gut zu bedienen.
Dabei wurde Pauline schon in jungen Jahren ihre Hilfe. Schon als
ganz kleines Kind hat sie, auf einem Schemel vor dem Herd stehend,
beim Kochen mitgeholfen.

Wach verfolgte Pauline den Konfirmandenunterricht bei Dekan
Elwert. Kritisch mahnte sie an, dass sich doch in der Bibel nichts
direkt finden lasse, das von der Konfirmation spricht. Aber auch dies
kritische Suchen brachte sie tief in die Bibel hinein. Hilfreich war es

dazuhin, dass die Töchter des Dekans ihr ihre Freundschaft schenkten. So war sie oft im Haus des Dekans zu finden. Diese geistlich geprägte Hausgemeinschaft war die beste Ergänzung zum mehr lehrhaften Konfirmandenunterricht.

Aus dieser behüteten Welt Münsingens, in der Pauline auch den Besuch des evangelistisch tätigen Indien-Missionars Samuel Hebich erlebte, wurde Pauline fünfzehnjährig jäh herausgerissen. Im Gasthaus »Post« zu Urach sollte sie das Kochen lernen. Danach war sie einige Zeit im Schloss Ehrenfels bei Zwiefalten, um die kranke Verwaltersfrau zu pflegen und den Haushalt zu besorgen. Das war für Pauline in jeder Beziehung »Fremde«. Es gab keinen Missionskreis, keine »Mädlesstunde«, keine Geborgenheit im geistlich geprägten Elternhaus, zum Besuch der Gottesdienste bekam sie nicht frei. Blutjung war Pauline in verantwortungsvolle Aufgaben hineingestellt. Um sie herum waren nur Dienstboten, die grauenhaft fluchten, und Praktikanten, die dem jungen Mädchen nachstellten.

Einen Böhringer Stundenmann bewegte die Sorge, »ob denn die Pauline noch beim Heiland ist«. Aber Pauline sagte ihm: »Wenn ich nachts allein durch den langen, dunklen Kreuzgang des ehemaligen Klosters gehen muss, um für die Kranke etwas Warmes zu bereiten, dann bete ich den Vers: ›Ich weiß einen Helfer, gesandt von dir, o Gott, den hat sein Herz getrieben zu mir in meiner Not. Er sah mein Alleinsein, er kannte den Schmerz, vergab mir stets neue und gab Trost ins Herz‹.«

Noch schöner war dann wieder das Nachhausekommen zur Unterstützung der oft kränklichen Mutter. Etwas ganz Besonderes war die Fußreise, die sie zusammen mit ihrer einzigen am Leben gebliebenen Schwester zur Brüdergemeinde in Königsfeld/Schwarzwald machen konnte. Noch im Alter erzählte Pauline, wie ihnen die Tage in Königsfeld wie »ein Stückchen Himmel« vorgekommen seien. Besonders beeindruckt waren sie vom Singen und vom »Liebesmahl«.

Die beiden Schwestern waren vielumworben. Reiche, angesehene Männer hätten gerne mit ihnen eine »gute Partie« gemacht. Aber sie waren auf anderes aus als auf Reichtum oder auf Ansehen. Wilhelmine gab dem Missionar und späteren Pfarrer Gottlob Zündel ihr »Ja«, und Pauline zog als glückstrahlende Braut ins Hülbener Schulhaus ein.

Johannes Kullen hatte Pauline immer wieder einmal bei Monatsstunden gesehen. Es hatte ihm imponiert, dass eine Gastwirtstochter den »schmalen Weg« geht. Aber erst der Freund Karl Buck aus Beuren half dazu, dass es zur richtigen Werbung kam. Mitten im Winter kam er an einem Sonntagmorgen nach Hülben gestapft und sagte: »Los, Johannes, jetzt bringen wir die Sache ins Reine!« Äußerlich gesehen hätte Pauline es auch als Abstieg ansehen können, aus dem angesehenen Oberamtstierarzthaus in die Schlichtheit des Hülbener Schulhauses zu wechseln. Aber sie sah es als Ehre an, deren sie Gott gewürdigt hatte, die Gattin von Johannes Kullen zu werden. Ihr tat seine herzliche und milde Art wohl. Sein fröhliches Christenleben war für sie wie eine Befreiung, nachdem sie in ihrer Jugend das Christsein mehr gesetzlich verstanden hatte. So kam es nach kurzem Brautstand am 6. Februar 1866 zur Hochzeit in Hülben.

Beide Eheleute hingen nicht am Geld. Johannes Kullen hat das später bei der Erbteilung im Hause Herrmann bewiesen. Beide Eheleute hatten wichtige geistliche Impulse von Sixt Carl Kapff bekommen, Johannes als Schüler im Korntaler Knabeninstitut. Beide waren bereit, ein gastliches Haus zu führen.

Das erste Ehejahr war besonders freundlich und sonnig. Es war leicht an der Seite des Gatten, den sie so sehr liebte und achtete. Eine fromme Verwandte diente ihnen als Magd und nahm der Hausfrau fast alle Arbeit ab. Überhaupt hatte Pauline Kullen das Vorrecht, dass sie immer fromme, fleißige Dienstmädchen haben durfte. Während ihre Kinder geboren wurden und noch klein waren, hatte sie ein »Bäbele« von Böhringen, die konnte die ganze Offenbarung des Johannes auswendig. Wenn sie dann die kleinen Kinder zu Bett brachte, erzählte sie ihnen vom Antichrist und ermahnte sie, sich doch niemals das Malzeichen an die Stirne machen zu lassen. Pauline Kullen sagte oft: »Luther hat nicht umsonst das fromme Gesinde mit zum täglichen Brot gezählt.«

Nach den ersten Ehejahren kamen mancherlei Lasten über die junge Frau. Sie dachte später nicht gerne an die siebziger Jahre zurück. Sie war der Meinung, sie habe da vieles nicht recht gemacht.

Da sie oft körperlich geschwächt war, wuchs ihr die Arbeit vielfach über den Kopf. Zu jener Zeit schrieb sie in ein Büchlein, in das sie von Jugend auf ihr wichtige Worte eintrug, in der Morgenfrühe eines Sonntags: »Herr, lass das laute Werktagstreiben nicht dringen früh in mich hinein, in mir lass dennoch Sonntag bleiben, in mir lass dennoch Stille sein ... «. Aber sie konnte das Lied nicht einmal zu Ende schreiben; denn das laute Werktagstreiben setzte auch am Sonntag wohl zu früh ein.

Als die insgesamt acht Kinder größer wurden, hatte Pauline Kullen es leichter. Doch sie blieb bis an ihr Lebensende überaus fleißig. Auch noch als blinde, gebrechliche alte Frau konnte sie Frauen, die ihren Haushalt nicht besorgten, sondern vielmehr bettelten, zur ihnen gegebenen Gabe hinzu auch ein scharfes Wort sagen. Das tat ihr nachher oft leid. Sie litt immer an ihrer eigenen Unvollkommenheit.

Wie freute sie sich, dass sie im Schulhaus Gelegenheit hatte, Christen aus nah und fern zu bewirten und zu beherbergen! Das blieb ihre Freude durch alle fünfundfünfzig Jahre hindurch, die sie in Hülben lebte. Noch in ihrer letzten schweren Krankheit war es ihr eine Erquickung, wenn Schwestern und Brüder kamen, die ihr ein Wort sagten oder mit ihr beteten. Andere Gäste konnte sie nicht mehr gut ertragen.

Bei der Beerdigung sagte ein alter Pietistenbruder, dass er Pauline Kullen n u r freundlich gesehen habe und dass durch Jahrzehnte hindurch ihm jeweils der Zuspruch von Pauline Kullen neuen Mut gegeben habe.

Im Alter war es Pauline Kullen ein Schmerz, wenn die Brüderkonferenzen, die jeden letzten Samstag im Monat in Hülben stattfinden, schlecht besucht waren. Eigentlich hätte die blinde, gebrechliche Frau genug an ihren eigenen Leiden haben können. Aber sie seufzte und jammerte etwa darüber, dass Andreas Klein, der doch die Konferenz leiten sollte als ältester Bruder, nicht komme. Auf einmal ging die Tür auf und Andreas Klein kam herein. War das eine Freude, als sie seine Stimme hörte. Sie rief: »Ich habe recht an dir gezogen!« Klein antwortete: »Und mein Weib hat geschoben!« Pauline Kullen antwortete: »Ich sag's ja immer, auf d' Weiber kommt alles an!«

In ihrem Ehestand hat Pauline Kullen besonders viel darin geleistet, dass sie ihren Ehemann Johannes Kullen oft fort ließ zu Brüderreisen und Lehrerkonferenzen und dadurch selbst doppelte Lasten tragen musste. Als einmal ihre Tochter ihren Mann nicht gerne zu einer christlichen Lehrerkonferenz reisen lassen wollte, sagte Pauline Kullen:»Lass deinen Mann gehen; aus unserem Vater wäre nicht das geworden, was er ist, wenn er nicht viel gereist wäre!«
Einmal sei Johannes Kullen nicht in die Neuffener Monatsstunde gekommen. Die Brüder fragten, was denn der Grund gewesen sei. Sie antwortete:»Ich konnte ihn nicht gehen lassen; wir hatten an jenem Samstag so viel einzuernten.« Da sagte einer der »Brüder« ruhig:»Ja, was einem am wichtigsten ist, das treibt man!« Dieses Wort hat sie damals getroffen. Sie freute sich über die gute Antwort und dankte es dem treuen Freund, dass er ihr klar machte, was das Wichtigste für Christen ist.

Die acht Kinder waren der Eltern höchstes Gut. Die Eltern verstanden es, den Kindern eine fröhliche und glückliche Jugend zu bereiten. Besonders vorbildlich war Pauline Kullens Kinderpflege. »Was man im ersten Jahr an den Kindern tut, ist für's ganze Leben«, pflegte sie zu sagen. Es war ihr keine Last, sondern eine Lust, ihre Kindlein zu stillen, sie zu waschen und in der frischen Luft auszufahren. Dazu nahm sie sich Zeit. An den Kindern durfte nichts versäumt werden. Lieber ließ sie sonst irgendetwas liegen. Aber auch die geistliche Erziehung der Kinder lag ihr am Herzen. Sie erzählte ihnen biblische Geschichten, während sie die Kleinen kämmte. Sie konnte aber auch anschaulich von den Störchen erzählen, die auf dem Münsinger Kirchturm ihr Nest hatten. Immer war Pauline Kullen bedacht, ihren Kindern eine möglichst gute Erziehung zu geben.

Am allerweitesten öffnete sie ihr Herz und ihr Haus für ihre verheirateten Kinder und für die zweiundzwanzig Enkel. Jedes Jahr durften sie in Scharen zur Großmutter ins Schulhaus nach Hülben kommen. Ihnen wurde Hülben ein Jugendparadies. Auch die eigenen Kinder erholten und stärkten sich körperlich und geistig immer wieder im Elternhaus. Wie gern besprachen sie alle Zeitfragen, alle geistlichen Strömungen, die die Gemüter bewegten, mit der Mutter. Das nüchterne Urteil von Pauline Kullen war ihnen wertvoll.

Pauline Kullen hatte eine große Bibelkenntnis, die sie durch fleißiges Bibellesen von Kindheit an und durch die Auslegungen von Magnus Roos, von Rieger, von Hartmann, von Kapff vertieft hatte. Öffentlich trat sie nicht auf. Aber groß war der Kreis der Seelsorge Suchenden, die bei ihr Hilfe und Rat fanden.

Einmal sagte jemand: »Die Familie Kullen hat anderer Leute Not auf ihr Herz genommen, sie mit andern getragen und Gott hingelegt. Deshalb hat sie Gott vor eigener Not verschont.« Dabei wurde vergessen, dass der älteste Sohn von Kind auf geistig nicht gesund war und vor der Mutter starb.

Als ihr geliebter Gatte Johannes 1905 starb, wurde Pauline Kullen selbst krank. Es schien so, als könne sie ohne diese Stütze nicht weiterleben. Sie selbst sagte: »Solang mein Mann lebte, war alles schön. Aber jetzt ist alles traurig.« Aber Gott half ihr auch über diesen Schmerz hinweg.

Noch bitterer muss es für sie gewesen sein, dass ihr Augenlicht nach und nach nachließ. Sie ließ sich viel vorlesen und freute sich an jedem Menschen, der ihre Gemeinschaft und ihren Rat suchte. Sie saß dann an ihrem Spinnrocken, dauernd tätig. Sie verfolgte mit großer Anteilnahme den Ersten Weltkrieg und die danach folgende Revolution. Aber noch wichtiger war ihr, dass ihr aus der Bibel vorgelesen wurde. Alles war ihr da recht, von der ersten bis zur letzten Seite. Das war ihre Nahrung und Stärkung.

In den letzten Lebenstagen besuchte sie ein verwandter Arzt. Als er die große furchtbare Atemnot von Pauline Kullen sah, sagte er zu den Angehörigen: »Jetzt nur Morphium!« Aber die Schwerkranke hatte es gehört und sagte: »Nein, solange ich lebe, nur Gottes Wort!« Da sei der Arzt ganz bewegt gewesen und habe gesagt: »Ja, Tante, das ist auch viel besser!«

Aber Pauline Kullen konnte auch in großer Atemnot rufen: »Hast du denn, lieber Gott, keine Barmherzigkeit für mich?« Gottes Worte wie »Dieser Zeit Leiden sind nicht wert der Herrlichkeit, die an uns soll geoffenbart werden« oder »So unser irdisch Haus, diese Hütte, zerbrochen wird, haben wir einen Bau, von Gott erbaut«, beruhigten sie wieder. Ihr letztes Wort war: »Barmherziger Heiland!« Nach diesem Ruf ist sie still eingeschlafen. Aber ihr Erbe und ihr geistliches Vermächtnis wird nun schon in der vierten und fünften Generation weitergetragen.

Nachkommen von Pauline und Johannes Kullen

1. Agnes (1867 - 1950)
2. Pauline (1868 - 1944)
3. Johanna (1869 - 1954)
   verheiratet 1894 mit Pfarrer Dr. Wilhelm Busch (1868 - 1921), Elberfeld und Frankfurt
   Kinderfamilien: Stöffler, Wilhelm Busch-Essen, Krieger-Canada, Eißler, Scheffbuch, Müller-Siegburg, Johannes Busch-Witten, Lic. Friedrich Busch-Pr. Bahnau/Köngen
4. Hermann (1871 - 1916)
5. Albrecht (1873 - 1957),
   Rektor in Hülben, der sechste in der langen Reihe Hülbener »Schulmeister«,
   verh. 1911 mit Hildegard geb. Kullen-München,
   Sohn Eberhard Kullen (1911) und
   Enkel Professor Dr. Siegfried Kullen-Weingarten und Johannes Kullen-Zell.
6. Elise (1876 - 1965),
   verh. mit Oberlehrer Kuno Wanderer,
   Sohn Pfarrer Kuno Wanderer
7. Paul (1882 - 1949), Lehrer in Hülben,
   verh. 1913 mit Elisabeth Dierlamm,
   Kinderfamilien: Breymayer, Kullen, Dr. Surerus
8. Mina (1883 - 1957)
   verh. mit Dekan Heinz Schäfer-Wertheim
   Kinderfamilien: Albrecht und Paul Schäfer-Karlsruhe; Nase; Dreisbach; Henrici; Thoma; Klenk.

ANHANG

Dürstend nach der Quelle des Lebens

»O mein Gott, du mein Erbarmer! Deiner Magd, aus deren Leib du mich geschaffen, hattest du die große Gabe geschenkt, dass sie – wo sie nur konnte – bei Hader und Zwietracht Frieden stiftete …

Auch ihren Gatten gewann sie dir am Ende seines zeitlichen Lebens und beklagte sich nicht mehr über das, was sie von ihm zu ertragen gehabt hatte, da er noch Heide war. Auch eine Dienerin deiner Diener war sie. Wer sie kennenlernte, musste dich aus vollem Herzen loben, ehren und lieben, weil in ihrem Leben Früchte ihren heiligen Umgang mit Gott bezeugten. Sie war eines Mannes Weib gewesen, sie hatte ihren Eltern Gleiches vergolten, sie hatte das eigene Hauswesen göttlich regiert und hatte ein Zeugnis guter Werke. Sie hatte ihre Söhne auferzogen. Wenn sie diese von dir abirren sah, hat sie so oft diese mit Ängsten wiederum geboren … Sie diente uns allen so, als ob sie unser aller Kind wäre.

Als aber der Tag nahte, an dem sie aus diesem Leben scheiden sollte, da begab es sich durch dein geheimes Walten: Wir, die Mutter und ich allein, standen an ein Fenster gelehnt. In einem trauten Gespräch vergaßen wir, was dahinter ist, und streckten uns aus zu dem, das da vorne ist, und forschten … nach der zukünftigen Herrlichkeit deiner Heiligen, die kein Auge geschaut und kein Ohr gehört hat, die in keines Menschen Herz gekommen ist. Sehnsuchtsvoll öffneten wir unseren Mund nach dem Wasser aus der Quelle von oben, aus der Quelle des Lebens, die bei dir ist.«

Augustin über seine Mutter Monica,
Bekenntnisse, Achter Band, Zehntes Kapitel

Bibelmerkverse

In des Alten Bundes Schriften
merke in der ersten Stell:
Mose, Josua und Richter,
Ruth und zwei von Samuel,
zwei der Könige, Chronik, Esra,
Nehemia, Esther mit.
Hiob, Psalter, dann die Sprüche,
Prediger und Hohes Lied.

Jesaja, Jeremia,
Hesekiel, Daniel;
dann Hosea, Joel, Amos,
Obadja, Jonas Fehl,
Micha, welchem Nahum folget,
Habakuk, Zephanja,
nebst Haggai, Sacharia,
und zuletzt Malachja.

In dem Neuen stehn Matthäus,
Markus, Lukas und Johann
samt den Taten der Apostel
unter allen vornean.

Dann die Römer, zwei Korinther,
Galater und Epheser,
die Philipper und Kolosser,
beide Thessalonicher;
an Timotheus und Titus,
an Philemon; – Petrus zwei,
drei Johannes, die Hebräer,
Jakobs, Judas Brief dabei.

Endlich schließt die Offenbarung
das gesamte Bibelbuch.
Mensch, gebrauche, was du liesest,
dir zum Segen, nicht zum Fluch!

Die Pfarrerin

»Die Pfarrerin!« – O schöne Zeit!
Wie that das Herz sich auf so weit,
Als sie an ihres Gatten Hand
Zum ersten Mal am Hause stand;
Der Herde Schäflein groß und klein
Sie freundlich grüßend holten ein;
Wie freut sich mit vergnügtem Sinn
    Die Pfarrerin!

»Frau Pfarrerin!« Das Wort sie hebt,
Ihr freudig durch die Seele bebt;
Mit ahnungsvollem Liebesblick
Schaut auf die Schar sie noch zurück,
Winkt allen zu mit Dank und Gruß,
Und tritt ins Haus mit keckem Fuß,
wie in ihr Reich die Königin:
    Die Pfarrerin.

Frau Pfarrerin! – Der Glocken Schall
Klingt hell vom Turme überall,
Wallt groß und klein zum heilgen Ort,
Zu bauen sich in Gottes Wort, –
Der würd'ge Pfarrerstuhl, bleibt er leer?
Nein; spät, doch sicher tritt sie her, –
»Je näher Kirch, je später drin« –
    Die Pfarrerin!

Frau Pfarrerin andächtig sitzt,
Vom Gitter halb verdeckt und spitzt
Die Ohren fein, sieht stets zum Mund,
Der macht des Herrn Gedanken kund.
Von allen Schäflein ihres Herrn
Wär sie das allerfrömmste gern;
Drum horcht sie unermüdlich hin,
    Die Pfarrerin.

Frau Pfarrerin, die straft wohl auch
Der Kirchenschwänzer schlimmen Brauch;
Sie findet in der Woch' auch Zeit
Fürs Wort; wann ach! sich heiser schreit
Die Kirchenglocke: »Kommet her
Zur Betstund und zur Kirchenlehr!« –
Sie kommt, sie lernt mit Kindessinn,
    Die Pfarrerin.

Frau Pfarrerin! wie führst du treu
Die muntre Kinderklerisei!
Hilft mit, dass im Gehorsam schön
Sie ihre Wege mögen gehn.
Denn Bischofskinder sollen sein
Vor anderen wohlgezogen fein;
Sankt Paulus schreibt's, drauf zielt stets hin
    Die Pfarrerin.

Frau Pfarrerin wird nimmer müd,
Treibt fort und fort das gleiche Lied,
Sie lehrt und wehrt, sie lobt und schilt,
Sie putzt und bügelt, lockt und stillt,
Sie schafft und nadelt Tag und Nacht,
Teilt mit dem Vater Hut und Wacht,
Ein Spiegel, Kinder wohl zu ziehn:
    Die Pfarrerin.

Frau Pfarrerin, sie fühlt die Not,
Die in der Armut Hütte droht,
Sie lauscht dem Seufzen, das sich matt
Entringt von harter Lagerstatt,
Dem Ach des Kindes, das fieberheiß,
Des Müden von der Arbeit Schweiß;
Allwärts getreue Nachbarin
    Die Pfarrerin.

Frau Pfarrerin weiß immer Rat,
Ein dienstbeflissner Advokat,
Seelsorgt und doktort im Verein,
Und apothekert obendrein:
Die Liebe schreibt das »Recipe«,
Die Küche braut heilsamen Thee;
Harmlose Medikasterin
    Die Pfarrerin.

Frau Pfarrerin! – und drückt das Herz
Des Seelenhirten dumpfer Schmerz
Ob frommer Schafe ringem Stand,
Ob störr'ger Böcke Überhand;
Da wehrt der Nachtgedanken Lauf,
Hebt mit ihm heilge Hände auf, –
Dass Hoffnungsmut er neu gewinnt:
    Die Pfarrerin.

Frau Pfarrerin! sag, welcher Stadt
Entstammt denn wohl dein Modeblatt?
Dein Haar: kein künstlich Zopfgeflecht,
Nein, glatt und sauber, schlecht und – echt;
Dein Kleid zur Glocke nicht gebläht,
Nein, zierlich, schlicht und – selbstgenäht;
Schaut wohl nach Petri Spiegel hin
    Die Pfarrerin?

Frau Pfarrerin, wie tönt dein Mund
Zur Morgen- und zur Abendstund,
Wann in der Deinen vollem Chor
Des Sanges Opfer steigt empor!
Da weicht die Sorg, der Kummer flieht,
Die Freude rosiger erglüht;
Mit Sing und Sang hält nimmer inn'
    Die Pfarrerin.

Frau Pfarrerin! und bücken sich
Des Sanges Töchter mähliglich,
Sie doch im Singetakte bleibt,
Bis dass der Tod die Pause schreibt –
Du mir? ich dir? wer drückt zur Ruh
Dem andern wohl die Augen zu?
Wie's fall, so spricht: »Dein, Herr, ich bin«
    Die Pfarrerin.

Frau Pfarrerin! Die Pause währt
Nicht ewig fort! – Die Stimme kehrt
Dir wieder einst, fällt fröhlich ein
Ins Lob der himmlischen Gemein'.
Vorüber ist dann Schmerz und Leid,
Wenn alles Alte sich erneut,
Verlust des Lebens wird Gewinn;
    O Pfarrerin.

Frau Pfarrerin! wie wird dir sein,
Wenn los von Erdensorgenpein
Du ernten darfst, was du gesät
In Liebesmühen früh und spät,
Wenn, eins ums andre, aus dem Streit
Heimziehn im hellen Siegeskleid
Die Pfarrsöhn und Pfarrtöchterlin
    Zur Pfarrerin.

Frau Pfarrerin! Und ob dich Rom
Auch bannt aus seinem Satzungsdom,
Dein Ausweis bleibt, dein Ehr und Ruhm,
Das Wort, das Evangelium.
Der Tag, der wird's einst machen klar,
Wie viel im Reich vertrauet war
Dem heilig treuen Muttersinn
    Der Pfarrerin!

(Verfasser unbekannt)

Literatur

zu Elsbetha Sam:
Konrad Hoffmann, Konrad Sam (1483 - 1533), in: »Die Einführung der Reformation in Ulm«, Forschungen zur Geschichte der Stadt Ulm, Bd. 2, Ulm 1981

zu Magdalena Sibylla Rieger:
Johann Christian Friedrich Burk, Spiegel edler Pfarrfrauen, Eine Sammlung christlicher Charakterbilder, Stuttgart 1890

zu Henriette, Herzogin von Württemberg:
Gerhard Meyer, Johann Conrad Weiz, Wuppertal 1962
Karin Peters, Herzogin Henriette von Württemberg, Schriftreihe des Stadtarchivs, Kirchheim 1975

zu Christine Barner:
Fritz Grünzweig, Die Evangelische Brüdergemeinde Korntal, Metzingen 1957
Johannes Kullen, Fünfundfünfzig Erbauungsstunden (samt Lebensabriss), herausgegeben von Samuel Kullen, Kornthal 1852
Walter Roth, Die Evangelische Brüdergemeinde Korntal, Neuhausen 1994
Eugen Zeller, Aus sieben Jahrhunderten der Geschichte Beuggens (1246 - 1920), Wernigerode (ohne Erscheinungsjahr)
Akten des Familienarchivs Kullen, Hülben, und des Archivs der Evangelischen Brüdergemeinde Korntal

zu Charlotte Reihlen:
Friedrich Baun, Charlotte Reihlen, Stuttgart 1922

zu Wilhelmine Canz:
M. G. W. Brandt, Mutter Jolberg – Leben und Wirken, Trier 1890
Wilhelmine Canz, Die Bildungsanstalt für Kleinkinderpflegerinnen in Großheppach, Stuttgart 1863
Willi Dürring, Nach-Denken, Großheppach 1991
Otto Schuster, Mutter Canz, Stuttgart 1949

zu Doris Blumhardt:
Christoph Blumhardt, Erinnerung an Doris Blumhardt, Stuttgart 1886
Johann Christian Friedrich Burk, Spiegel edler Pfarrfrauen, Eine Sammlung christlicher Charakterbilder, Stuttgart 1890
Friedrich Zündel, J. Chr. Blumhardt, Lebensbild, Basel 1948

zu Pauline Kullen:
Wilhelm Busch, Aus einem schwäbischen Dorfschulhause, Elberfeld
1906
Hans Reyhing, Wie ich nach Hülben kam, Reutlinger Tagblatt vom
10. 07. 1937
Aufzeichnungen von Johanna Busch, Frankfurt (handgeschriebenes Manuskript)

allgemein

W. Claus und Fr. Buck, Württembergische Väter, Bände I bis IV, Calw und
Stuttgart 1905
Karl Hermann, Johann Albrecht Bengel, der Klosterpräzeptor von Denkendorf, Stuttgart 1937
Heinrich Hermelink, Geschichte der Evangelischen Kirche in Württemberg,
Stuttgart und Tübingen 1949
Johannes Kober, Christian Friedrich Spittlers Leben, Basel 1887

Dank

Für Unterstützung, Beratung, Überlassung von Originalurkunden und von Bildern wird gedankt:

dem Archiv der Evangelischen Landeskirche in Württemberg
    (Rieger, Blumhardt, Reihlen)
dem Städtischen Archiv Kirchheim/Teck (Herzogin Henriette)
dem Archiv der Evangelischen Brüdergemeinde Korntal
dem Familienarchiv Kullen in Hülben (Hauseltern Mundle)
dem Mutterhaus Großheppach (Wilhelmine Canz)

Bildnachweis

Seite 8: Ulmer Münster
Chorgestühl 1469-1474, Jörg Syrlin, Tiburtinische Sibylle
Foto: Reinhold Mayer, Ulm © Kunstverlag Edm. von König, Dielheim

Seite 14: Ulmer Münster
Chorgestühl 1469-1474, Jörg Syrlin, Hellespontische Sibylle
Foto: Reinhold Mayer, Ulm © Kunstverlag Edm. von König, Dielheim

Seite 18, 46, 70 und 76:
Archiv der Evangelischen Landeskirche, Württemberg

Seite 26:
Städtisches Archiv Kirchheim / Teck

Seite 50: Der breite und der schmale Weg.
Das entsprechende Poster ist im Format von 42 x 55 cm zu DM 8,50 unter der Bestellnummer 48744 beim Verlag Johannis, 77933 Lahr, lieferbar.

Seite 58:
Großheppacher Schwesternschaft

Seite 34, 42, 82, und 84:
Privateigentum der Familie Kullen

hänssler

Paul Toaspern

Eva von Tiele-Winckler

Mutter Eva – Ein Leben aus der Stille vor Gott

Pb., 200 S., 16 s/w-Bildseiten,
Nr. 392.292, ISBN 3-7751-2292-3

Die junge Eva von Tiele-Winckler, aus einer oberschlesischen Adels-
familie stammend, verzichtet auf ihr reiches und bequemes Leben
und setzt sich für Arme, Kranke und Waisenkinder ein.
Ihre Frömmigkeit und seltbstlose Liebe machen sie zu einer Persönlichkeit, deren Ausstrahlung sich auch heute niemand entziehen
kann – und zu einem wertvollen Vorbild.

Bitte fragen Sie in ihrer Buchhandlung nach diesem Buch!
Oder schreiben Sie an den Hänssler-Verlag, Postfach 12 20,
D-73762 Neuhausen.

hänssler

Armin Stein

Samuel Urlsperger
Der Prediger des Herzogs

Pb., 180 S., s/w-Illustrationen,
Nr. 392.701, ISBN 3-7751-2701-1

Unter Herzog Eberhard von Württemberg greift der Sündenverfall am Hof um sich. 1715 wird Pfarrer Samuel Urlsperger zum Hofprediger und Konsistorialrat in Stuttgart berufen. Wegen seiner Radikalität gegen das unmoralische Verhalten des Herzogs wird Urlsperger zum Tode verurteilt ...
Ein spannend geschildertes Leben, das in seiner Radikalität durchaus eine Herausforderung ist.

Bitte fragen Sie in ihrer Buchhandlung nach diesem Buch!
Oder schreiben Sie an den Hänssler-Verlag, Postfach 12 20,
D-73762 Neuhausen.

hänssler

Otto Riecker

Otto Riecker
... mit 60 fing mein Leben an

Pb., 256 S., Bildtafelteil,
Nr. 392.683, ISBN 3-7751-2683-X

Rieckers bewegte Geschichte seit Anfang des Jahrhunderts, Stationen seines beruflichen Werdeganges und seines Privatlebens. Höhepunkt: die Gründung des Glaubens-, Ausbildungs- und Missionswerkes Adelshofen aufgrund einer Erweckungsbewegung, die in dem kleinen Dorf Adelshofen ihren Anfang nahm.

Bitte fragen Sie in ihrer Buchhandlung nach diesem Buch!
Oder schreiben Sie an den Hänssler-Verlag, Postfach 12 20,
D-73762 Neuhausen.

hänssler

WEITERE BIOGRAFIEN

Lothar Bertsch

Johann Friedrich Flattich
Ein begnadeter Seelsorger und genialer Erzieher

Pb., 180 S., s/w-Fotos,
Nr. 392.752, ISBN 3-7751-2752-6

Schwäbische Schlagfertigkeit, urwüchsiger Humor und eine Seelsorge in Liebe und Wahrheit: Johann Friedrich Flattich (1713-1797). Der schlichte Landpfarrer und Besitzer einer Privatschule mit 300 Schülern ist wohl einer der populärsten und originellsten Pietisten seiner Zeit. Eine Biografie, die den Leser durchaus auch mal schmunzeln lässt ...

Bitte fragen Sie in ihrer Buchhandlung nach diesem Buch!
Oder schreiben Sie an den Hänssler-Verlag, Postfach 12 20,
D-73762 Neuhausen.

hänssler

David McCasland

Oswald Chambers
Ein Leben voller Hingabe

Pb., 330 S., 16 s/w-Bildseiten, Nr. 392.112, ISBN 3-7751-2112-9

Hingabe – kein besserer Begriff kennzeichnet den 1874 in Schottland geborenen Oswald Chambers. Auf beeindruckende Weise und unter Verwendung von Tagebuchauszügen, Briefen usw. versteht es der Autor, das Leben dieses beeindruckenden Mannes selbst sprechen zu lassen. Der Leser wird dieses Buch nicht ohne tiefen und persönlichen Gewinn aus der Hand legen.

Friedemann Hägele (Hrsg.)

Friedrich Traub
Ein Pionier der Chinamission – aus Liebe zu Christus

Pb., 160 S., 4 s/w-Bildseiten, Nr. 392.293, ISBN 3-7751-2293-1

Friedrich Traub verließ Ende des letzten Jahrhunderts seine schwäbische Heimat und ging als einer der ersten Missionare nach China. Sein tiefer Wunsch, das Evangelium zu verbreiten, stieß mit den herrschenden beschwerlichen Verhältnissen hart aufeinander. Mit 33 Jahren endete sein kurzes Leben für die Mission, mit dem er den Grundstein für die Chinamission legte.

Bitte fragen Sie in ihrer Buchhandlung nach diesen Büchern! Oder schreiben Sie an den Hänssler-Verlag, Postfach 12 20, D-73762 Neuhausen.

hänssler

Elisabeth Elliot

Amy Carmichael
Ein Leben in der Nachfolge

Pb., 270 S., 8 s/w-Bildseiten, Nr. 392.335, ISBN 3-7751-2335-0

Das eindrückliche Portrait der aussergewöhnlichen irischen Indien-
missionarin Amy Carmichael: ihr Weg führte sie nach Japan, China,
Ceylon und schließlich nach Indien, wo sie sich besonders um ver-
nachlässigte Kinder kümmerte.
Als eine junge Frau mit eigenen Wünschen und Träumen, Fehlern
und Ängsten, gab sie ihr ganzes bisheriges Leben bedingungslos auf,
um ihrem Herrn zu dienen.

Yuen-Lin Wu

Yuen-Lin Wu
Du hältst meine Hand

Pb., 120 S., Nr. 392.697, ISBN 3-7751-2697-X

Die Biografie einer faszinierenden Frau. In lebendigem Glauben und
entschiedener Nachfolge gründet Yuen-Lin Wu, die selbst schon früh
ihre Eltern verloren hat, trotz der Wirren des Ersten Weltkrieges Wai-
sen- und Altersheime und wird so zum Segen für viele Menschen.

Bitte fragen Sie in ihrer Buchhandlung nach diesen Büchern!
Oder schreiben Sie an den Hänssler-Verlag, Postfach 12 20,
D-73762 Neuhausen.